पटकथा कैसे लिखें

पटकथा कैसे लिखें

राजेन्द्र पाण्डे

वाणी प्रकाशन

वाणी प्रकाशन

4695, 21-ए, दरियागंज, नयी दिल्ली 110 002

फ़ोन : +91 11 23273167 फ़ैक्स : +91 11 23275710

शाखाएँ

अशोक राजपथ, पटना 800 004, बिहार

कॉफ़ी हाउस कैम्पस, महात्मा गांधी मार्ग, इलाहाबाद 211 001, उत्तर प्रदेश

महात्मा गांधी अन्तरराष्ट्रीय हिन्दी विश्वविद्यालय, वर्धा 442 001, महाराष्ट्र

सुल्तानिया रोड, मोतिया पार्क, भोपाल 462 001, मध्य प्रदेश

www.vaniprakashan.com
marketing@vaniprakashan.in
sales@vaniprakashan.in

PATKATHA KAISE LIKHEIN
by Rajendra Pandey

ISBN : 978-93-5072-887-1
Cinema

पेपरबैक प्रथम संस्करण 2015
पेपरबैक द्वितीय संस्करण 2020

मूल्य : ₹ 195

सिटी प्रेस, दिल्ली-110 095 में मुद्रित

वाणी प्रकाशन का लोगो मक़बूल फ़िदा हुसेन की कूची से

भूमिका

सामान्य तौर पर यह कहा जा सकता है कि पटकथा किसी फ़िल्म या धारावाहिक का लिखित रूप होता है यानी वह बुनियादी ईंट जिस पर सिनेमा का महल खड़ा होता है। पटकथा-लेखन एक तकनीकी लेखन है। जिस तरह उपन्यासों की कथा अध्यायों में चलती है, उसी तरह फ़िल्मों की कथा दृश्यों में चलती है। एक पटकथा लेखक इस तरह से दृश्यों की रचना करता चलता है कि उसके आधार पर सिनेमा की कहानी खड़ी हो जाती है।

फ़िल्म को वैसे तो निर्देशक का माध्यम कहा जाता है, लेकिन उसके बारे में यह भी कहा जाता है कि एक बेहतर फ़िल्म दो टेबलों पर तैयार होती यानी पटकथाकार की टेबल और जब फ़िल्म पूरी हो जाती है, तो एडिटर या फ़िल्म संपादक की मेज पर उसके तार जोड़े जाते हैं। किसी भी फ़िल्म की सफलता-असफलता में उसकी पटकथा का बड़ा योगदान होता है।

इसीलिए जैसा मैंने ऊपर ही कहा कि पटकथा लेखन एक तरह का तकनीकी लेखन है और एक बेहतर पटकथाकार होने के लिए यह आवश्यक है कि उसके गुरों में महारत प्राप्त की जाए। आमतौर पर कहानी, दृश्य, संवाद आदि पटकथा के आवश्यक अंग माने जाते हैं। नाटकों की तरह फ़िल्म की पटकथा भी तीन अंकों में बँटी होती है। सफल सिनेमा वही होता है जिसमें यह तीन अंकीय संतुलन बेहतर होता है।

आजकल टेलीविजन के साथ-साथ गैर-कथात्मक यानी डाक्यूमेंट्री फ़िल्मों का निर्माण भी तेजी से बढ़ा है और जाहिर है पटकथा के बिना उनकी कथा भी आगे नहीं बढ़ पाती। पटकथा के इन्हीं पहलुओं, इन्हीं गुरों की जानकारी देने का प्रयास इस पुस्तक में किया गया है। आप अपनी कल्पना के तानों-बानों से एक बेहतर साहित्यिक कृति का तो सृजन कर सकते हैं, लेकिन सिर्फ कल्पना के आधार पर फ़िल्म की पटकथा या टेलीविजन धारावाहिकों की पटकथा तैयार नहीं की जा सकती।

इस पुस्तक में मैंने अपने अनुभवों के आधार पर पटकथा की तकनीक, उसकी बारीकियों को खोलने का प्रयास किया है। उम्मीद है कि पटकथा लेखन में रुचि रखनेवाले लोगों के लिए यह पुस्तक उपयोगी साबित होगी।

अनुक्रम

अध्याय एक

पटकथा लेखन क्या है?

- दृश्य-श्रव्य माध्यम बहुआयामी है
- पटकथा लेखन अलग शैली का लेखन
- पटकथा लेखन को प्रस्तुतीकरण से जोड़ना होता है
- सही पटकथा लेखक वही, जो शब्दों पर लगाम लगाना जाने
- दृश्यों के जरिए वर्णन, दृश्यों का लेखन ही पटकथा
- दर्शक उसी कृति को पसंद करता है, जिस में हर तत्त्व अनुपात में हो

दृश्य-श्रव्य (Audio-visual) माध्यम, जिसे आम भाषा में सिनेमा माध्यम भी कहते हैं, बहुआयामी है। कई विधाओं-उपविधाओं का संकलित रूप भी इसे कहा जा सकता है। सिनेमा माध्यम के विभिन्न पक्षों को विधाएँ इसलिए कहना चाहिए क्योंकि हर पक्ष एक स्वतंत्र पक्ष के रूप में अपना अस्तित्व रखता है। दिनोंदिन ये पक्ष इतने विकसित और सबल होते गए कि इन पक्षों को विधा कहना तर्कसंगत होगा।

छायाचित्रण दृश्य-श्रव्य माध्यम के लिए जितना जरूरी है, उतनी ही यह क़ला स्वतंत्र रूप में स्थापित है। उसी तरह अभिनय, निर्देशन, लेखन, संकलन, वेशभूषा आदि के बारे में भी कहा जा सकता है। इन्हें विधाएँ कहें, उपविधाएँ कहें या स्तंभ कहें लेकिन हैं ये सशक्त और स्वतंत्र तत्त्व।

पटकथा लेखन प्रस्तुतीकरण से जुड़ी कला

पटकथा यानी सिनेमा, टेलीविजन तथा वृत्तचित्र माध्यम हेतु किया गया विस्तृत लेखन। यह एक अलग शैली का लेखन है, इसलिए इसका नाम भी अलग है, पटकथा लेखन। पटकथा लेखन में कथा-लेखन समाया हुआ है। लेकिन यह कथा लेखन के बाहर के तत्त्वों को भी अपने में समेटे हुए है।

कथा लेखन एक प्रत्यक्ष और सपाटबयानी की शैली है; जबकि पटकथा लेखन में कई बातों का ध्यान रखना पड़ता है। कथा लेखन में वाचक की नज़रों के सामने

एक दृश्य खड़ा करने की प्रबल मंशा तो अवश्य होती है; इसके विपरीत पटकथा लेखन करते समय इस बात को कतई नहीं भुलाया जा सकता कि पटकथा मूलतः दृश्य-श्रव्य माध्यम के लिए ही लिखी जाती है।

पटकथा लेखन अकेले नहीं किया जा सकता। इसे प्रस्तुतीकरण से जोड़ना होता है। क्योंकि, अन्ततोगत्वा दर्शकों के सामने प्रस्तुतीकरण ही उभर कर आता है, लिखी पटकथा गौण बन जाती है। लेखक पटकथा लेखन करते समय जाने-अनजाने प्रस्तुतीकरण को भूल जाए, तो समझो कि उसका लेखन किताबी अधिक बन जाएगा। ऐसी स्थिति में निर्देशक ही लेखन को नकार देगा या फिर दर्शक इस कृति को सिनेमा माध्यम की कृति के रूप में स्वीकार नहीं करेगा।

संतुलन ज़रूरी

जब हम कहते हैं कि यह प्रस्तुतीकरण का माध्यम है तो अर्थ होगा समग्र प्रस्तुतीकरण का माध्यम। इसी दृष्टिकोण से प्रस्तुतीकरण में लेखन के साथ-साथ अन्य तत्त्वों को भी महत्त्व प्राप्त है। हर तत्त्व के बीच ज़रूरी संतुलन बनाए रखने से ही प्रस्तुतीकरण सबल बनेगा, तभी सही मायने में कृति सिनेमा माध्यम की कृति के रूप में मानी जाएगी।

संतुलन बिगड़ जाने की स्थिति में प्रस्तुत कृति या तो लेखन-प्रबल (लेखन की ओर अधिक झुकी) बन जाएगी या अभिनय-प्रबल, संगीत-प्रबल, स्थल-प्रबल (लोकेशन के आधिक्य सम्बन्धी) वगैरह वगैरह। दर्शक उसी फ़िल्म या टेलीविजन धारावाहिक को पसंद करता है, जिसमें उसे हर तत्त्व अनुपात में मिले।

सही पटकथा लेखक वही, जो शब्दों पर लगाम लगाना जाने। यानी बात को अधूरा छोड़ देना नहीं है। इस तथाकथित अधूरेपन को पूरा करने की जिम्मेदारी निर्देशन, अभिनय, संकलन, छायाचित्रण, वेशभूषा, लोकेशन आदि स्तंभों पर होती है। बाकी तत्त्व लेखन के समर्थन में आगे आते हैं। लेकिन यह तभी सार्थक और संभव है जब लेखक पटकथा लेखन में निपुण होता है और बाकी स्तम्भों की बारीकियों को बखूबी जानता हो। इस मामले में वह जितना निपुण और अनुभवी होगा, उसका लेखन उतना ही प्रभावशाली और ग्राह्य होगा।

लेखक माध्यम की बारीकियाँ जाने

पटकथा लेखक को दृश्य-श्रव्य माध्यम के विभिन्न स्तंभों की जानकारी और बारीकियों की समझ इसलिए भी जरूरी है ताकि पुनरावृत्तियों को टाला जा सके। यहाँ पुनरावृत्तियों से आशय केवल लेखन संबंधी पुनरावृत्तियों से ही नहीं है, बल्कि दृश्य-श्रव्य माध्यम के किसी भी स्तंभ द्वारा उसी समय दुबारा वही बात कह देने से होनेवाली पुनरावृत्ति से है। मिसाल देखें...परदे पर दिखाया जा रहा है कि एक भिखारी कचरे के ढेर में

पेट भरने हेतु जो कुछ मिल जाए, तलाश रहा है। छायाचित्रण, उपयुक्त वातावरण, अभिनय, वेशभूषा के माध्यम से यह दृश्य आसानी से खड़ा किया जा सकता है...गँवारू दर्शक भी इसे समझ लेगा।

संवाद के ज़रिए भिखारी की स्थिति पर, सामाजिक-राजनीतिक परिवेश पर चोट करनेवाली टिप्पणी तो इस दृश्य को अतिरिक्त रूप से वजनदार बना सकती है; लेकिन केवल यह कह देना कि...'देखो, भिखारी खाना तलाश रहा है...' कोई मायने नहीं रखता।

ऐसे दृश्य के साथ यदि संवाद जोड़ना है तो उसमें वह बात हो जो संपूर्ण दृश्य/शॉट/प्रस्तुतीकरण को और उभारे। यह तभी संभव है जब हम दृश्य-श्रव्य माध्यम के दीगर तत्त्वों के महत्त्व को स्वीकार करें और उनका सही उपयोग भी करें। वरना, इस प्रकार का लेखन/संवाद प्रस्तुत दृश्य को और फीका कर देते हैं।

कहानी कहने की कला

एक बालक भी कहानी कहता है, दादी-नानी भी कहती है, लोक-कथाएँ, साहित्यकार भी कहानी कहते हैं... एक फ़िल्म भी कहानी कहती है। इन सबों की वर्णन शैली में मौलिक अंतर होता है। बालक के कहानी-वर्णन में अधूरापन और अधकचरापन ग्राह्य है; दादी-नानी की कहानी में स्थूलता होती है; लोक-कथा में एक बोध देने या संदेश पहुँचाने की छुपी प्रवृत्ति; साहित्यकार के कथा-वर्णन में विश्लेषणात्मकता, वैज्ञानिकता, सूक्ष्मता, यथार्थवाद होता है।

फ़िल्म की कहानी तकनीक और सामग्री को ज़रिया बनाकर कही जानेवाली कहानी है।

इस बात को आसान तरीके से समझने के लिए पहले आप कोई फ़िल्म देखिए। उसमें निहित कहानी को अपने मन में सँजो लीजिए या उसे किसी को सुनाइए। आप जो कहानी सुनाएँगे वह मोटे तौर पर सरसरी कहानी होगी। अब यह कहानी सुनते-सुनाते दिमाग में यह बात जरूर रखिए कि कहानी (जो आप सुना रहे हैं) किस तरह पेश की गयी।

मान लीजिए, किसी आम दर्शक के, फ़िल्मकार या लेखक के ही मन में एक कहानी उभरती है...एक तेरह-चौदह वर्षीय बालक है, बड़ा शूरवीर और माता-पिता से प्यार करनेवाला। एक रोज पिता की अनुपस्थिति में गुंडे घर में घुसते हैं और बालक की माँ की इज्ज़त लूटने की कोशिश करते हैं। बालक उन चारों गुंडों से लगातार जूझता है। अपनी माँ को तो सही सलामत बचा लेता है, खुद जान गँवा बैठता है।

एक और कहानी देखें...गाँव की एक भोली भाली स्त्री का पति कमाता-धमाता तो नहीं उल्टे पत्नी ही की कमाई से दारू पीता है, दिनरात घर में पड़ा रह कर पत्नी

को गाली गलौज, मारता-पीटता है। दुखी पत्नी कुछ रोज तो पति का अत्याचार सहती है, बाद में उसके मन में बगावत की आग पनपने लगती है। वह धीरे-धीरे गाँव की स्त्रियों को संगठित करती है। इनमें ज्यादातर स्त्रियाँ अपने शराबख़ोर पतियों से परेशान हैं। संगठित स्त्रियाँ बगैर किसी बाहरी मदद के विरोध का बिगुल बजा देती हैं। उनका विरोध रंग लाता है...शराबख़ोर पति उनसे डरने लगते हैं...समाज का समर्थन स्त्रियों को मिलने लगता है...एक-एक कर शराबख़ोर पति सुधरने लगते हैं...परिवार बसने लगते हैं...गाँव में सुख शांति लौट आती है...गाँव आदर्श गाँव के रूप में जाना जाता है।

पहली कहानी, कहानी का एक टुकड़ा मात्र है; जबकि दूसरी कहानी को संक्षिप्त लेकिन संपूर्ण कहानी का दर्जा दिया जा सकता है।

दृश्यों के ज़रिए वर्णन यानी पटकथा

अब कहानी तो तैयार हो गयी...किंतु यह मुँहबोली है, या काग़ज पर उतार ली गयी है। इसे परदा माध्यम में ढालते समय एक तरफ मूल कहानी को ध्यान में रखना होगा, दूसरी तरफ कहानी को टुकड़ों-टुकड़ों में बाँट उनके दृश्य बनाने पड़ेंगे। दृश्य-श्रव्य माध्यम को इसी कारण दृश्य-श्रव्य (देखने-सुनने का माध्यम) कहा जाता है, क्योंकि सारी कहानी देखने और सुनने यानी दिखाने और सुनाने के माध्यम से आगे बढ़ती रहती है।

दूसरे शब्दों में दृश्यों के ज़रिए वर्णन, दृश्यों का लेखन ही पटकथा है। यह निरंतर आगे बढ़ती रहती है।

पहली कहानी के टुकड़े से एक या दो ही दृश्य बन पाएँगे और बात खत्म हो जाएगी; जबकि दूसरी कहानी चूँकि लंबी हो सकती है, कई दृश्यों में कही जाएगी। एक पैराग्राफ की कहानी डेढ़-दो घंटे की फ़िल्म में या तेरह एपिसोड के टेलीविजन धारावाहिक में विस्तार और असरदार ढंग से कही जाएगी।

अध्याय दो

पटकथा का स्वरूप

- कहानी कई तत्त्व कहते हैं, लेकिन हरेक के प्रभाव में अंतर होता है
- फ़िल्म निर्माण में पटकथा लेखन का अपना महत्त्व है
- कमजोर पटकथा के कारण बेअसर हुई कृति अलग ही पहचानी जा सकती है
- हर कला का उद्देश्य अपने पूरे प्रभाव से दर्शक, पाठक, श्रोता तक पहुँचना होता है।

पटकथा लेखन का सही स्वरूप तो वही होगा, जो दृश्य-श्रव्य माध्यम के अनुकूल हो।

प्रगतिशीलता के प्रति उत्सुक मराठी साहित्य जगत में 'कथा वाचन' नामक शैली को विकसित किया गया है। कहानी साहित्यिक ही होती है, लेकिन उसका वाचक, जो स्वयं लेखक ही होता है, अपनी कहानी मुँह-जबानी सुनाता है। मतलब कहानी कहने के लिए एक और माध्यम ढूँढ़ लिया गया।

अब दोनों माध्यमों को भी समझ लीजिए। लिखी साहित्यिक कहानी को पढ़ते समय पाठक पूर्ण विराम, अर्द्धविराम, उद्गारवाचक चिह्न, अवतरण चिह्न, पैराग्राफ आदि को भी पढ़ता चलता है। इस कारण उसे कहानी के उतार-चढ़ाव, सूक्ष्मताएँ, वर्णन, आशय आदि आसानी से समझ आते हैं।

यही पाठक श्रोता बन बैठ जाए और स्वयं लेखक उसे अपनी वही कहानी सुनाए...लेकिन एक साँस में ही सुना दे, जहाँ न पूर्णविराम, अर्द्धविराम का ही ख़्याल रखा गया है, न ही संवाद संबंधी अवतरण चिह्नों का ही । ऐसी स्थिति में वाक्य एक-दूसरे में उलझ जाएँगे और सुननेवाले को समझ नहीं आएगा कि कौन-सी बात कहाँ खत्म हुई, कौन-सी बात कहाँ शुरू हुई...कौन-सा संवाद कहानी के किस पात्र ने कहा और किससे कहा?

कहानी शब्दशः वही, लेकिन बदले माध्यम की सूक्ष्मताओं को ध्यान में न रखने के कारण सारी कोशिशें गुड़-गोबर हो गयीं।

कविता के क्षेत्र में भी यह मान्यता है कि कुछ कविताएँ पढ़ने लायक होती हैं, कुछ कविताएँ सुनने-सुनाने लायक। यह वर्गीकरण अपने आप में कविता का असर

बनाए रखने के लिहाज से किया गया है। आखिर हर कला का उद्देश्य अपने पूरे प्रभाव से दर्शक, पाठक, श्रोता तक पहुँचना होता है। शायद हर कला का आविष्कार ही इसलिए हुआ हो कि अपनी बात प्रभावशाली ढंग से पहुँचाई जा सके।

प्रभाव में अंतर माध्यम पैदा करता है

''सच कहो...'' परिवार में दादा-दादी भी कहते हैं...और सच को लेकर एक साहित्यकार भी कहानी लिखता है। लेकिन दोनों के प्रभाव में मौलिक अंतर होता है। प्रभाव का यह अंतर माध्यम पैदा करता है। इसीलिए उस माध्यम की विशेषताओं के प्रति जागरूक और निष्ठावान रहना पूरी तरह आवश्यक है।

एक और मिसाल देखें—

''रोको, मत जाने दो''

''रोको मत, जाने दो''

पढ़ते ही इन दोनों वाक्यों का आशय हम साफ तौर पर समझ लेते हैं...लेकिन यही वाक्य किसी ने अल्पविराम को नज़रअंदाज करते हुए यों सुना दिया... ''रोको मत जाने दो'' तो सुननेवाला बात का क्या आशय निकाल पाएगा!

पिछले दिनों 'ट्रायल शो' के दौरान एक फ़िल्म देखने को मिली। फ़िल्म लोकप्रिय शैली की थी। इस फ़िल्म की कहानी तो बहुत बढ़िया थी। बल्कि ऐसी कहानियों पर आम तौर पर हिंदी फ़िल्में नहीं बनतीं। लेकिन फ़िल्म की पटकथा और संपूर्ण प्रस्तुतीकरण को देखकर बड़ी निराशा हाथ लगी। कहना होगा कि जितनी अच्छी कहानी थी, पटकथा उतनी ही बुरी! दावे के साथ यह भी कहा जा सकता है कि उक्त फ़िल्म की पटकथा और प्रस्तुतीकरण पर गंभीरता से काम किया जाता, तो लोकप्रिय शैली की फ़िल्म होने के बावजूद एक संतुलित और लाजवाब फ़िल्म बन पाती।

संयोगवश 'ट्रायल शो' के दौरान वहाँ वह युवा लेखक भी थे, जिनसे शुरुआत में पटकथा लिखवाना तय हुआ था। उन्होंने कई दृश्य लिखे भी। बाद में उन्हें इसलिए बदल दिया गया; क्योंकि अच्छे लेखक होने के बावजूद उनका बहुत बड़ा नाम नहीं था।

उन्होंने अपने तईं लिखे कुछ अंश सुनाए। यह पटकथा उक्त फ़िल्म की साक्षात पटकथा से बिल्कुल अलग थी। युवा लेखक की पटकथा की शुरुआत अलग थी, उसमें सूक्ष्मताओं और मानसिक द्वंद्वों को पिरोया गया था। मूल कहानी जिस तेवर को लिए हुए थी, युवा लेखक की पटकथा में उस तेवर को बखूबी उभारा गया था।

पटकथा संबंधी कमजोरी स्पष्ट दिखती है

ऐसी मिसालों से साबित हो जाता है कि फ़िल्म निर्माण में पटकथा लेखन का कितना महत्त्व है। इस बात को इस ढंग से भी समझा जा सकता है कि किसी कहानी पर

एक फ़िल्म कामचलाऊ पटकथा के साथ बनायी जाए फ़िर उसी कहानी पर सारी विशेषताओं के साथ लिखी पटकथा के आधार पर फ़िल्म बनायी जाए।

दोनों फ़िल्मों में आए ज़मीन आसमान के अंतर को अवश्य महसूस किया जा सकेगा।

यह सिद्धांत तब और स्पष्ट हो जाएगा, जब आप पटकथा लेखन को मानदंड बना अलग-अलग दृश्य-श्रव्य कृतियाँ देखें। ये कृतियाँ हिन्दी फ़िल्में भी हो सकती हैं, भारतीय भाषाओं की फ़िल्में भी, विदेशी फ़िल्में भी...धारावाहिक और वृत्तचित्र/लघु फ़िल्में भी।

कई फ़िल्में कई कारणों से कमजोर साबित होती हैं; लेकिन पटकथा की कमजोरी के कारण बेअसर हुई फ़िल्में अलग ही दिखाई देती हैं।

अध्याय तीन

पटकथा के तीन अंग

- कहानी बुनावट तथा संवाद पटकथा के स्वतंत्र अंग हैं
- तीनों अंगों में संतुलन बनाए रखना जरूरी
- हर अंग से एक-दूसरे को बल मिलता है, वे एक-दूसरे को सम्हाल लेते हैं

पटकथा के प्रमुख तीन अंग हैं—कहानी, दृश्यमय बुनावट (पटकथा) तथा संवाद। कहने के लिए चरित्रीकरण भी लेखन का एक अंग है, लेकिन वह पटकथा में ही निहित है...जबकि कहानी, बुनावट तथा संवाद स्वतंत्र अंग हैं।

ये तीनों अंग एक-दूसरे में मिले हुए हैं और एक-दूसरे के पूरक भी। ऐसा नहीं हो सकता कि बगैर कहानी के पटकथा लिख ली जाए...उसी तरह कहानी हो, पटकथा हो, लेकिन उनमें संवाद न हों। जब तक फ़िल्में मूक हुआ करतीं, तब तक उनमें का अधूरापन हमेशा खलता रहा। आज बोलती फ़िल्में देखकर लगता है कि फ़िल्में पूर्णता को प्राप्त कर चुकी हैं। इससे यह भी साबित होता है कि शब्दों की अपनी ताकत होती है।

इन तीनों अंगों में संतुलन बनाए रखना ज़रूरी है। इस संतुलन से ही एक दूसरे अंग को बल मिलता है, और वे एक दूसरे को सम्हाल लेते हैं।

इन तीनों अंगों पर स्वतंत्रता से विचार करना होगा...

अध्याय चार

कथा, लेखन की नींव है

- फ़िल्म–कहानी में घटनाओं का बहुत महत्त्व है
- मौलिक लेखन असर करता है
- सच्चाई के निकट हो तो कहानी दर्शकों को भाएगी
- जो दिखता है, वही सत्य है–यही घोषवाक्य दृश्य-श्रव्य माध्यम की बुनियाद है
- कथावर्णन का मानव समाज में अपना स्थान
- कथा दृश्य-श्रव्य माध्यम की आत्मा है
- सिनेमा की तकनीक हमेशा 'मृगजल' समर्थक
- इन माध्यमों का व्यावहारिक रूप ही इनकी दिशा तय कर रहा है

नींव का माने है आधार का स्रोत। आधार न हो तो कोई ढाँचा खड़ा नहीं हो पाएगा। लेखन फ़िल्म की आत्मा होती है। इस आत्मा का अस्तित्व मूलतः कहानी पर ही टिका होता है।

फ़िल्म की कहानी मोटे तौर पर स्थूल होती है। इसमें सूक्ष्मता हो सकती है, मनोवैज्ञानिकता, मनोविश्लेषणात्मकता और द्वंद्व के बीज हो सकते हैं, लेकिन फ़िल्म की कहानी मूलतः साहित्यिक शैली में नहीं लिखी जा सकती। सच तो साहित्यिक कहानी फ़िल्म माध्यम के लिए कई उलझनें भी पैदा कर सकती है।

कहानी ठोस हो

फ़िल्म की कहानी को स्थूल इसलिए भी होना चाहिए क्योंकि ठोस कहानी पर ही वर्णनात्मक या धाराप्रवाह फ़िल्म बन सकती है। फ़िल्म की कहानी में घटनाओं का बहुत महत्त्व है। घटनाएँ स्थूल या ठोस कहानी में ही हो सकती हैं। इसके विपरीत साहित्यिक कहानी में विश्लेषणात्मकता का महत्त्व होता है। यह एक बौद्धिक प्रक्रिया है। बौद्धिकता ही दृश्य-श्रव्य माध्यम के लिए अड़चन पैदा करती है।

साहित्य तो पूर्णतः शब्दों का माध्यम है। शब्दों के जरिए यथार्थ को स्पष्ट

करने की जो प्रवृत्ति होती है, उससे साहित्य का पाठक बखूबी परिचित होता है, उसके लिए मानसिक रूप से तैयार भी। इसके विपरीत दृश्य-श्रव्य माध्यम पढ़े-लिखे और अनपढ़ दोनों के लिए होता है। इस माध्यम का दर्शक समाज के हर वर्ग से आता है। 'केवल ऊँचे दर्जे की दिमागी कसरत' को ही महत्त्व देने का अर्थ होगा उन दर्शकों के प्रति अन्याय जो अशिक्षित या अर्द्धशिक्षित हैं।

ऐसा नहीं है कि साहित्यिक कृतियों पर फ़िल्में या धारावाहिक नहीं बनते या बन सकते या असरदार नहीं बन सकते। साहित्यिक कहानियों, उपन्यासों, रचनाओं का सिनेमा तथा टेलीविजन माध्यम हेतु अपना योगदान है।

साहित्यिक कृतियों पर दृश्य-श्रव्य कृति बनाते समय सबसे पहले साहित्यिक कृति में निहित ठोस कहानी को चुन कर अलग करना पड़ता है। उसे आधार बना, उक्त साहित्यिक कृति का सहारा ले सिनेमा/टेलीविजन हेतु नयी कहानी बनाम पटकथा लिखनी पड़ती है।

इस माध्यम के लिए मौलिक लेखन

इस मुद्दे को दूसरे दृष्टिकोण से भी देखा जाना चाहिए। अगर मानते हैं कि दृश्य-श्रव्य माध्यम अपने आप में पूर्ण और स्थापित है, तो हमें मूल रूप से उसी माध्यम के लिए क्यों नहीं लिखना चाहिए! यह बात एक मिसाल के ज़रिए भी स्पष्ट हो सकती है...

लिखा हुआ नाटक मंच पर भी खेला जाता है और रेडियो पर भी। लेकिन रेडियो ध्वनि से संबंधित माध्यम है...इस माध्यम के लिए मूल रूप से नाटक लिखना अलग बात है। ऐसा करते समय जहाँ आप एक अलग माध्यम को सशक्त कर रहे होते हैं, वहीं एक मौलिक कृति के निर्माण से उपजा आनंद भी भोग रहे होते हैं।

साहित्यिक रचना तो तैयार मिल जाती है; जबकि दृश्य-श्रव्य के लिए किए जाने वाले लेखन की शुरुआत नए सिरे से करनी पड़ती है।

यह शुरुआत कहानी से होती है। कई बार कहानी का संक्षिप्त रूप आपके मस्तिष्क में पैठ जाता है, तो कई बार एक-दो वाक्यों की कल्पना भर आपके मस्तिष्क में भिन जाती है...इसे आम भाषा में आइडिया आना, पनपना कहा जाता है।

एक-दो वाक्यों की कल्पना पारिवारिक, सामाजिक, राजनीतिक, समस्याप्रधान, हास्य-व्यंग्यात्मक, मनोरंजक, रहस्यमय, साहसी, कल्पनावादी कुछ भी हो सकती है।

आपको महसूस होता है कि आजकल परिवार टूटना एक आम बात होती जा रही है...और आप इस समस्या को कहीं शब्द देना चाहते हैं।

कहानी सिलसिलेवार सोचें

कहानी लिखते समय आपको सबसे पहले सोचना होगा कि समाज के किस वर्ग का आपकी कहानी प्रतिनिधित्व करती है; क्योंकि परिवार टूटने की प्रक्रिया आजकल

समाज के हर वर्ग में छायी हुई है...यह उच्च वर्ग में भी है, मध्यम वर्ग में भी और निम्न वर्ग में भी।

बगैर इस मुद्दे पर सोचे आप आगे नहीं बढ़ सकते। वरना कहानी सिलसिलेवार साबित नहीं हो पाएगी। अगर आप तीनों वर्गों को इकट्ठे ले आगे बढ़ते हैं तो ऐसी कहानी में तीन कहानियाँ समायी हुई होंगी। उस स्थिति में कहानी के विभिन्न तत्त्वों को सम्हालना आपके लिए मुश्किल हो जाएगा। फिर इस प्रकार की कहानी दस्तावेज़ (डॉक्युमेंटेशन) अधिक हो जाएगी। हाँ, वृत्तचित्र (डॉक्युमेंटरी) या गैरकथात्मक लघु फ़िल्म (नॉन-फिक्शनल शॉर्ट फ़िल्म) बनाते समय आप तीन ही क्या तीन से अधिक वर्गों को भी शामिल कर सकते हैं...कई विशेषज्ञों, टूटे परिवार के शिकार सदस्यों आदि को भी शामिल कर सकते हैं। वृत्तचित्र या लघुफ़िल्म में तो समस्या को मिलेजुले रूप में पेश किया जाता है।

वर्ग प्रतिनिधित्व तय करते समय आपके सामने कई विकल्प मौजूद होते हैं। यह आपकी इच्छा और सोच पर निर्भर करता है कि आप किस वर्ग को अपनी कहानी में शामिल करना चाहेंगे। यह भी संभव है कि कोई एक खास समस्या किसी एक वर्ग-विशेष में ही प्रखरता से दिखाई देती है। तब आपके लिए वही वर्ग महत्त्वपूर्ण बन जाता है।

आपको लगे कि पश्चिमी संस्कृति का प्रभाव उच्च वर्ग तथा उच्च भ्रू वर्ग पर आसानी से पड़ता है और वहीं से यह समस्या धीरे-धीरे मध्यमवर्गीय समाज, फिर निम्न वर्ग में आ गई है, तो आप कहानी का केंद्रबिंदु पश्चिमी सभ्यता-संस्कृति को बनाएँगे।

पैसों की हवस और भोगविलास की प्रवृत्ति के कारण मनुष्य मानवीय रिश्तों की गरिमा को भूल गया है, इसीलिए वह अपना घर अलग बसाना चाहता है तो आप इस प्रवृत्ति को कहानी का केंद्रबिंदु बनाएँगे।

आप सोचते हैं कि आज का मनुष्य आत्मकेंद्रित और स्वार्थी हो गया है, इस कारण परिवार टूट रहे हैं तो आप इस मानवीय कमी को कहानी का केंद्रबिंदु बनाएँगे।...आपके अनुसार मनुष्य बाहरी तत्त्वों के दबाव में आकर...आपसी भ्रम के कारण...बाहरी स्त्री के बहू बनकर आने के कारण और उसे इस परिवार से आत्मीयता ने होने के कारण...आप जो भी सोचते हैं वही केंद्रबिंदु आपकी कहानी में प्रकट हो सकता है।

कहानी तभी दर्शकों को भाएगी और अपनी-अपनी सी लगेगी, जब वह वैज्ञानिक सोच पर आधरित हो, सच्चाई के निकट हो और जिसका कथाक्रम ईमानदारी से निभाया गया हो।

पात्र तय करना

एक बार समाज का वर्ग तथा समस्या का कारण तय कर लेने पर आप पात्र तय करते हैं। यहीं चूँकि कहानी का माद्दा परिवार है इसलिए आप परिवार की

रचना करते हैं। ख़ास तौर पर यह परिवार ऐसा होता है, जो कहानी के सार को अपने में समेटे हुए है। यहाँ कहानी का सार है टूटा हुआ या टूटने पर आमादा परिवार।

कहानी के पात्रों की संख्या इस बात पर निर्भर रहेगी कि आपने परिवार के किन-किन पात्रों को अपने विषय यानी परिवार के टूटने-सँभलने के लिए कारणीभूत माना है। इन प्रमुख और आवश्यक पात्रों के चयन के बाद आप चाहें तो वैकल्पिक पात्रों को भी कहानी में शामिल कर सकते हैं। इन पात्रों को आप कहानी में कहाँ जगह देंगे और कहानी को आगे बढ़ाने में ये किस तरह मददगार साबित होंगे, यह आपके कल्पनावाद पर निर्भर रहेगा। ये पात्र परिवार के भीतर के भी हो सकते हैं, बाहरी भी—सामाजिक, राजनीतिक, सरकारी—किसी भी क्षेत्र से आ सकते हैं।

समस्या को उलझानेवाले हो सकते हैं, सुलझानेवाले हो सकते हैं...मसीहा के रूप में हो सकते हैं या खलनायक के रूप में (यहाँ खलनायक से आशय आम फ़िल्मों में जो खलनायक पात्र होता है। उससे नहीं है)।

पात्रों का चरित्रीकरण

पात्र तय होने के बाद पात्रों का चरित्रीकरण करना होता है। चरित्रीकरण हमेशा ठोस, यथार्थवादी, विश्वसनीय और ज़मीन से जुड़ा होना चाहिए। काल्पनिक चरित्रीकरण को सीधा सरल दर्शक भी नकार देता है। इसका सीधा प्रभाव कहानी और कहानी में निहित विषय पर पड़ता है।

डरपोक पात्र को हमेशा अपने आपको डरपोक ही सिद्ध करना चाहिए, दयालु को ख़ुद को दयालु ही, कपटी को कपटी, देशद्रोही को देशद्रोही ही...!

यह कड़ी जब तक चलती रहती है, दर्शक उस पात्र की गिरफ्त में आते रहते हैं। जैसे ही पात्र कमजोर पड़ता है, दर्शकों का माहेभंग हो जाता है। चरित्रीकरण के कारण ही दर्शक को पात्र भाने लगता है या फिर वह उससे घृणा करने लगता है।

हिंदी फ़िल्मों के प्रसिद्ध खलनायक प्राण खलनायक होने के बावजूद दर्शक उनसे प्यार करते रहे हैं। यह चरित्रीकरण का ही कमाल है। यही बात स्व. कन्हैयालाल पर भी लागू होती है। स्व. लीला मिश्र हमेशा जन्मजात सास, माँ या मौसी ही लगती रहीं।

कई बार यह किस्से सुनने में आते हैं कि नाटक या फ़िल्म देखते समय कोई दर्शक सामनेवाले पात्र को देख इतना अभिभूत हुआ कि उसने मंच पर/फ़िल्म परदे पर ही अपनी श्रद्धा अर्पित की...या पात्र पर जूता-चप्पल फेंक मारा।

दक्षिण भारतीय फ़िल्मों के नायकों को लेकर जो व्यक्तित्व पूजा (पर्सनॅलिटी कल्ट) पनपी वह एक तरह से चरित्रीकरण की ही देन है।

चरित्रीकरण केवल संवादों से नहीं

पात्र का चरित्रीकरण करते समय केवल संवादों का सहारा नहीं लिया जा सकता। यह कह देना कि अमुक व्यक्ति दयालु है या कोई अफ़सर देशद्रोही है...कोई कमीना है...कोई लालची है ऐसा पर्याप्त नहीं है। चरित्रीकरण का यह बहुत ही आसान और सतही तरीका है। कोई पात्र कैसा है, यह उसने अपनी करतूतों से ही स्पष्ट करना चाहिए। जैसे-जैसे वह पात्र अपने चरित्र के अनुसार करतूतें करता जाएगा, दर्शक विश्वास करने लगेंगे कि यह व्यक्ति दयालु है, कमीना है, डरपोक है या देशभक्त...।

ऐसे समय फिर उसके समर्थन में संवाद कहने की जरूरत नहीं रहेगी कि...मेरी माँ ममता की मूर्त्ति है...या बड़ा भाई बाप समान...।

प्रसंग के अनुसार ऐसे संवाद आवश्यक नहीं हैं तो वे पुनरावृत्ति का दोष ही सिद्ध कर देते हैं। पिछले अध्याय में हमने देखा कि भिखारी कूड़ेदान में खाना तलाश रहा है—यह कहने की आवश्यकता इसलिए नहीं, क्योंकि संपूर्ण वातावरण इस आशय को साबित कर रहा है।

कई बार पात्र चरित्रीकरण को इतनी ऊँचाइयों तक ले जाता है कि उसके समर्थन में कहे गए संवाद उसके चरित्र को हल्का कर देते हैं।

जो दिखता है, वही सत्य है—यही घोषवाक्य दृश्य-श्रव्य माध्यम की बुनियाद है। इस सिद्धांत से दूर जाना यानी सिनेमा/टेलीविजन माध्यम के साथ खिलवाड़ करना होगा।

जीवन की पृष्ठभूमि स्पष्ट हो

कहानी को लेकर एक और मुद्दा आवश्यक रूप से ध्यान देने योग्य होता है। वह है जीवन की पृष्ठभूमि। यह निश्चित हो जाना चाहिए कि कहानी गाँव में घटित होती है, कस्बे में, शहर में या महानगर में।

मोटे तौर पर बुनियादी बातें तय हो जाने पर प्रत्यक्ष कहानी लिखने की शुरुआत होनी चाहिए।

कहानी शब्दबहुल न हो

कहानी क्रमवार, वर्णनात्मक तथा घटनाप्रधान हो। जैसा कि कहा गया शब्दबहुल कहानी सिनेमा/टीवी माध्यम के लिए उपयोगी सिद्ध नहीं होती।

घटनाओं से दृश्य बनते हैं। दृश्य कहानी को आगे बढ़ाते हैं। जो दृश्य कहानी को आगे बढ़ाने में सहायक नहीं होते, वे दर्शकों को अखरते हैं।

कहानी की पकड़ ढीली होने पर कहानी को पुनः पटरी पर लाना मुश्किल हो जाता है।

शब्दों के बजाय घटना का महत्त्व इस माध्यम में इसलिए भी है, क्योंकि घटना तो हरेक को प्रभावित करती है।

कथाओं के स्वरूप

कथाएँ दो स्वरूप की होती हैं—एक कथात्मक (fictional) यानी गढ़ी हुई। दूसरी, तकनीकी या ऐसी जिसे लिखने हेतु तकनीकी ज्ञान तथा शोधकार्य होना ज़रूरी है। मिसाल के तौर पर एड्स, मादक पदार्थों की नशाखोरी, सेना से संबंधित, परिवेश-विशेष से संबंधित आदि।

कथात्मक कहानियाँ भी जीवन से जुड़ी होनी चाहिए। अतः अध्ययन की ज़रूरत वहाँ भी है। लेकिन बगैर शोधकार्य के तकनीकी विषय पर कहानी लिखना अपराध और अनैतिकता है। एड्स पर आपको तभी कहानी लिखनी चाहिए जब आप एड्स के सारे पहलुओं को जानते हों।

गहरे शोधकार्य के बाद आपके पास इतनी सामग्री इकट्ठी हो जाएगी कि आप यथार्थवादी कहानी लिख पाएँगे। तकनीकी विषय तीनों उप-माध्यमों के लिए काम आ सकते हैं; मसलन, सिनेमा, टेलीविजन तथा वृत्तचित्र। हालाँकि तीनों की शैली अलग-अलग होगी।

कथा जिज्ञासा पूरी करती है

कथा वर्णन का मानव समाज में अपना स्थान है। माध्यम कोई भी हो; लेकिन कथा का महत्त्व कम नहीं होता। इसके पीछे मुख्य कारण होता है जिज्ञासा। मानव मन में जिज्ञासा होती है।

कथा में जिज्ञासा बढ़ाने और जिज्ञासा की पूर्ति करने की क्षमता होनी चाहिए। यह क्षमता कथा विधा में बनी है; इसीलिए सदियों से कथा विधा पर आँच नहीं आई। कथा विधा में तरह-तरह के आंदोलन तो जन्म ले सकते हैं, लेकिन मूल कथा विधा बनी रहेगी...बल्कि नए माध्यम भी तलाशेगी।

दृश्य-श्रव्य माध्यम लगभग सौ साल पुराना ही है, लेकिन कथा विधा ने इस आधुनिक माध्यम में अपनी उपस्थिति दर्ज करा दी है।

कथा में आदि, मध्य और अंत हो

कथा साहित्य की मूल प्रवृत्ति या विशेषता या आवश्यकता है शुरुआत, मध्य और अंत। यह नियम सिनेमा/टेलीविजन माध्यम के लिए भी खरा साबित होता है। कहानी जिस बिंदु से भी शुरू हो, धीरे-धीरे आगे बढ़ती है। शुरुआत के बाद मध्य-अवस्था में आती है और अंत की ओर बढ़ती है। अंत अर्थात चरमोत्कर्ष।

जो कहानी चरमोत्कर्ष से शुरू होती है, वह कहीं पहुँच नहीं पाती। चरमोत्कर्ष से आगे कोई अवस्था नहीं होती। शिखर पर चढ़ने के बाद ढलान शुरू होती है। कहानी का ग्राफ ऊपर से नीचे जाए तो वह उल्टी प्रक्रिया मानी जाएगी। बड़ी बात कह देने के बाद कहने के लिए कुछ नहीं रह जाता। इससे जिज्ञासा ख़त्म हो जाती है। शुरुआत, मध्य तथा अंत का संबंध जिज्ञासा से जुड़ा हुआ है।

आधुनिक युग के सामने एक बड़ी चुनौती है। हर माध्यम से जीवनोपयोगी बातें इतनी कही गई हैं कि कई बार सामग्री (कथ्य) और शैली में पुनरावृत्ति का दोष आने लगता है। हालाँकि हर समय में नई-नई समस्याएँ पैदा होती हैं, इसलिए सामग्री भी मिलती जाती है। फिर भी सामग्री तथा शैली संबंधी पुनरावृत्तियों को टालना चाहिए। सिनेमा तथा टेलीविजन विधा में काम करते समय यह मुद्दा इसलिए भी ध्यान में रखना चाहिए क्योंकि उक्त माध्यम से समाज का हर वर्ग, हर व्यक्ति जुड़ा है। अतः हर वर्ग के दर्शक से चंचलता त्याग कर गंभीरता अपनाने की अपेक्षा करना ज्यादती ही है। सिनेमा-टेलीविजन माध्यम का दर्शक एक ही काम करता है—वह परदे पर देखता है या वहाँ से दूर चला जाता है।

सिनेमा-टेलीविजन माध्यम महँगा माध्यम है। इस माध्यम के दर्शक का रूठ जाना माध्यम और व्यवसाय पर सीधे-सीधे असर करता है। इस दृष्टिकोण से हर कदम मेहनत और लगन से उठाना चाहिए। फिर कथा तो दृश्य-श्रव्य माध्यम की आत्मा होती है।

कहानी में द्वंद्व हो

कहानी में उतार-चढ़ाव हो, द्वंद्व हो। द्वंद्व केवल शारीरिक हीं नहीं, मानसिक भी। दुश्मन केवल मनुष्य ही नहीं परिस्थितियाँ भी होती हैं। सभी लोकप्रिय फ़िल्मों में खलनायक नहीं रहे हैं...फिर भी कहानी संघर्ष की कहानी मानी गई। पात्रों की मानसिकता का विश्लेषण कहानी में हो। जो भी मानवीय पहलू उठाया जाए, उसका निर्वहन हो।

सिनेमा और टेलीविजन की कहानी में अंतर है

कहानी की लंबाई भी अपने आप में प्रमुख मुद्दा है। जब तक सिनेमा माध्यम का ही अस्तित्व था, कहानी की लंबाई मानो तय सी थी। टेलीविजन माध्यम के कारण कहानी दो लंबाई में विभाजित हो गई।

पहले यह तय कर लिया जाए कि कहानी सिनेमा हेतु लिखी जा रही है या टेलीविजन हेतु। इसके विपरीत कहानी लिखने-सुनने के बाद यह तय हो जाता है कि कहानी किस विधा के लिए सही रहेगी।

यह एक भ्रम है कि एक ही तरह की कहानी दोनों विधाओं के लिए समान रूप से काम आ सकती है। दोनों विधाओं की कहानी में अंतर के कई कारण हैं।

फ़िल्म की कहानी वही जो लगभग दो घंटे में पूरी हो जाए।

टेलीविजन कहानी की लंबाई की कोई सीमा नहीं हो सकती।

विषय भी माध्यम तय करते हैं

कुछ विषय ही ऐसे होते हैं, जो कहानी की लंबाई तय कर देते हैं। साथ ही कुछ विषय ही ऐसे होते हैं जो माध्यम को तय कर देते हैं...अमुक कहानी पर फ़िल्म ही बन सकती है, उसी तरह अमुक कहानी पर टेलीविजन धारावाहिक ही बन सकते हैं।

कहानी की लंबाई, विषय और माध्यम कुछ बातों पर निर्भर होता है। सिनेमा लोकप्रिय माध्यम है और टेलीविजन पारिवारिक। सिनेमा के आविष्कार से लेकर उसकी आज तक की दिशा (ट्रेंड) से हम बखूबी कुछ निष्कर्षों पर पहुँच सकते हैं।

सिनेमा हेतु ज़्यादातर प्रेम कहानियाँ लिखी जाती हैं। वहाँ कल्पनावाद का अपना महत्त्व है। वही कहानी, उसी शैली में टेलीविजन पर नहीं दिखाई जा सकती। टेलीविजन पर दिखाई जाने वाली प्रेम कहानी का भी कोई ठोस आधार होना चाहिए। उसकी तर्कसंगतता होनी चाहिए।

कुछ विषय दोनों माध्यमों के लिए सही

कुछ ऐसे विषय ज़रूर होते हैं, जो दोनों माध्यमों के लिए उपयुक्त होते हैं—मसलन ऐतिहासिक, राजनीतिक, सामाजिक, समस्याप्रधान आदि। मुगल बादशाह अकबर को लेकर फ़िल्म भी बनी है और टेलीविजन धारावाहिक भी। इसी मिसाल को लेकर सिनेमा तथा टेलीविजन दोनों माध्यमों की कहानियों का विश्लेषण भी किया जा सकता है।

अकबर का जीवन काल लंबा-चौड़ा रहा है। उसके जीवन के कई पहलू थे। आपको अकबर पर कोई फ़िल्म बनानी हो तो आपके सामने कुछ विकल्प खड़े होते हैं। किंतु ये विकल्प अकबर के जीवन के विभिन्न पहलुओं से संबंधित ही हो सकते हैं।

मान लिया जाए कि आप अकबर के पूरे जीवन पर फ़िल्म लिखना चाहते हैं, तो आपको अकबर के जीवन की प्रमुख घटनाओं को ही पिरोकर कहानी लिखनी पड़ेगी क्योंकि आपके पास केवल दो घंटों की ही अवधि जो है।

या फिर आप अकबर के जीवन के किसी एक पहलू पर कहानी लिख सकते हैं और उसे फ़िल्म में ढाल सकते हैं। प्रसिद्ध हिंदी फ़िल्म 'मुगले आज़म' अकबर के अपने बेटे सलीम के प्रेम के प्रति उसके रुख पर आधरित थी। कोई चाहे तो अकबर के प्रशासक रूप को अपनी फ़िल्म का विषय बना सकता है। कोई अकबर

के प्रजा के प्रति अपने रुख को विषय बना सकता है, कोई अकबर के धर्म विषयक विचारों को लेकर विषय बना सकता है।

यही सिद्धांत अन्य ऐतिहासिक-पौराणिक विषयों या चरित्रों पर भी लागू होता है।

इसके विपरीत इन विभूतियों पर टेलीविजन धारावाहिक बनाना है, तो समय की कोई पाबंदी नहीं है। धारावाहिक की कहानी लिखते समय आप उस चरित्र या विषय की गहराई में जा सकते हैं और सारी बारीकियों-विशेषताओं को समेट कर (लंबी) कहानी लिख सकते हैं।

माध्यम की अपनी प्रवृत्तियाँ होती हैं

माध्यम की अपनी 'प्रवृत्तियाँ' होती हैं। सालों के अंतराल के बाद ये प्रवृत्तियाँ तय हो जाती हैं।

विश्व का अधिकांश सिनेमा कल्पनावाद, फैंटेसी, अयथार्थवाद आदि पर टिका हुआ है। हर भाषा में सार्थक सिनेमा का भी अस्तित्व है। इन दोनों के बीच का अनुपात जो भी हो लेकिन कहानी या पटकथा पर विचार करते समय हम इस प्रकार विभाजन नहीं कर सकते। यहाँ कहानी या पटकथा लेखन पर तकनीकी दृष्टिकोण से विचार किया जा रहा है।

यह लेखक पर निर्भर होगा कि वह लोकप्रिय शैली को अपनाए या यथार्थवादी...लेकिन वह लेखन की विशेषताओं और बुनियादी तत्त्वों को नजरअंदाज नहीं कर सकता।

'मुगले आज़म' को लंबा भर कर देने से वह टेलीविजन की कहानी नहीं बन सकती। अंग्रेजी की क्लासिक फ़िल्म 'टेन कमांडमेंट्स' या स्टीवनसन स्पेलबर्ग की प्रसिद्ध फ़िल्म 'जुरासिक पार्क' की लंबाई भर बढ़ा देने से ये फ़िल्में टेलीविजन माध्यम के लिए उपयुक्त नहीं बन जातीं।

अतः कहानी टेलीविजन के लिए लिखनी हो या सिनेमा के लिए यह दोनों माध्यमों का स्वतंत्र माहौल, स्वतंत्र चरित्र निर्धारित करता है। यह आपको कहानी की शुरुआत करते समय ही ध्यान में रखना होगा...वरना वह कहानी सिनेमा माध्यम के लायक रहेगी न ही टेलीविजन माध्यम के लिए।

माध्यम की 'प्रवृत्तियाँ' केवल विषय या उस क्षेत्र में काम कर रहे लोगों के कारण ही तय नहीं हो जातीं, तकनीक का भी इसमें अपना योगदान होता है।

सिनेमा की तकनीक हमेशा 'मृगजल' समर्थक

भव्यता, अद्‌भुतता सिनेमा तकनीक का स्वभाव है। वह जीवन को विशालकाय आकार में दिखाना चाहता है, अतिशयोक्ति उसके लिए दुर्गुण नहीं है। सिनेमा माध्यम के लिए जब तकनीकी-गैरतकनीकी 'आविष्कार' किए जाते हैं तो मानो उपर्युक्त तत्त्वों को ध्यान में रखा जाता है। सिनेमा माध्यम की यह खूबसूरती भी है।

इसके विपरीत टेलीविजन माध्यम में सादगी भी बुराई नहीं मानी जाती। अगर विषय तथा शैली यथार्थवादी है तो तकनीक भी उसके अनुरूप अपनाई जाती है।

सिनेमा तथा टेलीविजन ऐसा माध्यम है जिनके केवल सैद्धांतिक पक्ष पर ही चर्चा नहीं हो सकती। इस माध्यम का व्यावहारिक रूप ज़्यादा प्रबल है। यह व्यावहारिक रूप ही माध्यम की दिशा तय कर रहा है। अतः इसे भी महत्त्व दिया जाना चाहिए।

केवल लटके-झटके काम नहीं आते

इस माध्यम में काम करनेवाले 'लेखकों' का एक वर्ग ऐसा भी है, जिसके लिए बाक़ायदा लेखन करना मुश्किल काम है। ऐसे लेखक अक्सर लटके-झटके वाली शैली में कहानी या सही मायने में कल्पना (आयडिया) सुनाने में तत्पर रहते हैं।

उनके दिमाग में कोई कल्पना कौंध जाती है...थोड़ा ताना-बाना या दो-चार दृश्य भी सँजो लिए जाते हैं। इसी को वे फ़िल्म कहानी सुनाने की परंपरागत शैली में अदाओं और खूबसूरती के साथ निर्माता-निर्देशक को सुनाते हैं। अगर सुननेवाले पर इस 'कहानी' का असर होता है तो वह तत्काल लेखक से सिलसिलेवार कहानी लिखने के लिए कहता है।

यहीं ये लेखक बगलें झाँकने लगते हैं। क्योंकि उनकी सोच में कहीं क्रमबद्ध कहानी होती ही नहीं।

यही जोख़िम भरा काम है। सही लेखक तो हमेशा सिलसिलेवार कहानी-लेखन को ही तरजीह देता है। लिखने और उसे बार-बार पढ़ने के बाद ही कहानी की कमियाँ तथा अच्छाइयाँ उजागर होती हैं।

कहानी सुनते-सुनाते समय नज़रों के सामने दृश्य तैरने लगते हैं; पूरा ख़ाका दिलोदिमाग पर छा जाता है।

ऐसी कहानियों में जोड़ या तोड़ संभव है...

क़दम-दर-क़दम माँजना भी आसान। लेकिन दो-चार दृश्यों को आधार बना कही गई कहानी अन्ततोगत्वा किस करवट बैठेगी, कहना पूर्णतः असंभव। फ़िल्म क्षेत्र का इतिहास बताता है कि जब-जब अधूरी कहानियों पर फ़िल्में बनीं, वे बेअसर रहीं। सिलसिलेवार कहानी लेखन का कोई विकल्प नहीं।

कहानी की लंबाई सुविधानुसार

फ़िल्म हेतु कितनी लंबी कहानी लिखी जाए इसका कोई नियम नहीं हो सकता। यह लंबाई दो पेज की भी हो सकती है। और 20-25-30-40 पेज की भी। यह इस बात पर निर्भर करता है कि लिखते समय आपको कितना कुछ सूझ रहा है।

कई बार आप केवल दो ही पेज में, लेकिन पूरी कहानी लिख लेते हैं। पटकथा लिखते समय आप हर मुद्दे पर गहराई से सोच उपयुक्त लंबाई की पटकथा लिख

लेते हैं। कई बार आपको लगातार विस्तार से कहानी सूझती है और परिणामस्वरूप आपकी कहानी कई पेजों की होती है।

ऐसी लंबी कहानी में दृश्यों की झलक भी आ जाती है...भले ही हर दृश्य आप तकनीकी दृष्टिकोण से न लिखें। आधे-अधूरे दृश्योंवाली, चरित्रात्मक, वर्णनात्मक कहानी को आप अधूरी पटकथा भी कह सकते हैं या लंबी कहानी बनाम अधूरी पटकथा भी।

दो पेज की कहानी लिखी हो तो आपको पटकथा लेखन के समय अधिक मेहनत करनी पड़ती है, जबकि लंबी कहानी लिखी गई हो तो उस पर पटकथा आसानी से लिखी जा सकती है। वास्तव में कहानी लिखते समय जितना कुछ सूझता है, वह सब कुछ लिख लेना चाहिए। तरतीबवार पटकथा लिखते समय काँट-छाँट की जा सकती है।

लंबी कहानी बनाम अधूरी पटकथा लिखने के अपने फ़ायदे हैं। जब आप निर्माता-निर्देशक को अपनी लंबी कहानी सुनाते हैं, तो उसकी आँखों के सामने भी दृश्य तैरने लगते हैं और कहानी के अधिकतर पहलू स्पष्ट हो जाते हैं। पटकथा का स्वरूप कैसा होगा, यह भी ऐसी कहानी से पता चल जाता है।

दूसरा लाभ यह है कि आपकी कहानी पर यदि पटकथा कोई और लिख रहा हो, तो ऐसी लंबी कहानी आपकी कल्पना के अनुसार पटकथा लिखने में सहायक हो सकती है। अगर कहानी प्रतीक रूप में दो-तीन पेज की ही है, तो पटकथा लेखक स्वतंत्रता बनाए रखकर अपनी बुद्धि से पटकथा लिख लेगा। संभव है, इस स्थिति से आप सहमत न हों। वास्तव में, कहानी, पटकथा तथा संवाद लेखन स्वतंत्र लेखक भी लिख सकते हैं, एक अकेला लेखक भी। पहली अवस्था में आपसी सामंजस्य बनाए रखना पड़ता है।

निर्माता-निर्देशक का अपना आग्रह होता है

लंबी कहानी बनाम अधूरी पटकथा बीच की स्थिति है। कई निर्माता-निर्देशक केवल दो पेज की कहानी सुनना पसंद करते हैं। इसी कहानी को मद्देनज़र रखकर वे तय करते हैं कि इस कहानी पर फ़िल्म बनाई जाए या नहीं! कई निर्माता-निर्देशक धीरज बनाए रख, आप जितनी लंबी कहानी उन्हें सुनाना चाहते हैं, सुनते हैं।

भारतीय सिनेमा जगत में एक वर्ग ऐसा भी है, जो बहुत ही छोटा है...उसका आग्रह होता है कि पूरी कहानी, पूरी पटकथा, सारे संवाद लिखी हुई एकमुश्त स्क्रिप्ट सुनाई जाए या सौंप दी जाए...एकाग्र मन से वे उसे सुनेंगे-पढ़ेंगे।

यह पहल पेशेवर और गंभीर लेखक के अनुकूल ही सिद्ध होती है। क्योंकि उसे स्वतंत्रता से एक कहानी पर काम करने और उसके प्रत्येक शब्द को सुनाने का अवसर देती है। इससे लेखक की मंशा तथा प्रतिभा को जहाँ पहचाना जा सकता

है, वहीं फ़िल्म का लेखन पक्ष कैसा होगा, फ़िल्म कैसी बन पाएगी इसका भी अंदाजा लगाया जा सकता है।

दुर्भाग्यवश हिंदी फ़िल्म जगत में ऐसी पहल अपवादस्वरूप ही होती है। जबकि विदेशी फ़िल्म जगत में यही तरीका अपनाया जाता है। वहाँ स्क्रिप्टें बाकायदा सजिल्द रूप में तैयार रहती हैं।

केवल दो पेज की कहानी सुनने-सुनाने के पीछे का दृष्टिकोण समझना भी जरूरी है। एक तो यह समयाभाव के कारण होता है। निर्माता-निर्देशक पर लगातार कहानियाँ सुनने का दबाव बना रहता है। फ़िल्म माध्यम लोकप्रिय होने के कारण हर कोई अपना लेखन सुनाने का इच्छुक होता है। लंबे समय तक कहानी सुनने के बाद अनुभव होता है कि कहानी गौर करने लायक नहीं थी और वक्त जाया हुआ है। अतः निर्माता-निर्देशक संक्षिप्त कहानी सुनकर निर्णय लेना चाहते हैं।

दूसरा कारण यह कि कुछ निर्माता-निर्देशक लेखक से केवल संक्षिप्त कहानी लेना चाहते हैं। फिर वह किसी पटकथाकार को सौंपकर उस पर पटकथा लिखवाते हैं। कई बार संक्षिप्त कहानी से मूल कहानी लेखक से पटकथा विकसित करवाना चाहते हैं। लेकिन इच्छा करते हैं कि लेखक निर्देशक के साथ बैठे और आपसी समझ से पटकथा लिखे।

भारतीय फ़िल्म क्षेत्र में लेखन को लेकर विभिन्न स्थितियाँ हैं, और लेखक को इन सबके लिए तैयार रहना पड़ता है।

टेलीविजन हेतु लेखन अधिक तरतीबवार

टेलीविजन क्षेत्र का लेखन अधिक तरतीबवार होता है। वह पहले से लिखकर तैयार करना पड़ता है। इसके लिए मेहनत भी काफी क़रनी पड़ती है।

पहले तो आपको हर एपिसोड की एक स्वतंत्र कहानी लिखनी पड़ती है। इन कहानियों की संख्या कितनी हो, यह इस पर निर्भर करता है कि धारावाहिक कितना लंबा बनना है। धारावाहिक जितना लंबा हो, उतनी ज़्यादा कहानियाँ आपको लिखकर तैयार करनी पड़ती हैं।

इससे यह समझना आसान हो जाता है कि किस एपिसोड की कहानी कहाँ शुरू होगी, कहाँ खत्म। साथ ही यह भी कि सही तरीके से पूरा धारावाहिक कितने एपिसोड में समेटा जा सकता है।

एक तरीका तो यह है कि धारावाहिक की पूरी कहानी को बाक़ायदा लिख लिया जाए। फिर उसके टुकड़े यानी एपिसोड विभाजित कर लिए जाएँ। यह काम समयसाध्य और कष्टसाध्य है। आम तौर पर लंबे धारावाहिक को लेकर ऐसे क़दम उठाना संभव नहीं हो पाता।

ऐतिहासिक, पौराणिक या फिर सामाजिक लंबे धारावाहिक में शुरुआत में मोटे

तौर पर तय कर लिया जाता है कि पूरा धारवाहिक कितने एपिसोड का होगा। तदुपरांत धीरे-धीरे, उपर्युक्त संख्या को ध्यान में रख कहानी आगे बढ़ाई जाती है, एपिसोडों में बाँटी जाती है।

टीवी का व्यावहारिक पक्ष

टेलीविजन धारावाहिकों का एक व्यावहारिक पक्ष भी होता है। निर्माता और टीवी चैनल के बीच पहले ही तय हो चुका होता है कि धारावाहिक के एपिसोडों की संख्या क्या होगी। दूसरी स्थिति यह है कि चैनल द्वारा एपिसोडों की संख्या तय हो या न हो, अगर धारावाहिक लोकप्रिय हो रहा है, तो उसके एपिसोड की संख्या लगातार बढ़ाई जाती है।

दूसरी स्थिति मुश्किल खड़ी कर सकती है। चूँकि धारावाहिक किसी न किसी कारण लोकप्रिय होता है, भले ही वह कहानी के कारण लोकप्रिय न हो रहा हो, फिर भी वह निरंतर दिखाया जाता है। कई बार ऐसे धारावाहिकों की कहानी ख़ास संख्या के एपिसोड के लिए ही लिखी जाती है...ऐसी स्थिति में लोकप्रियता के बूते उसे जबरन खींचा जाता है। परिणामस्वरूप वह जितनी लोकप्रियता हासिल करता है उतना ही बदनाम भी होता है और औंधे मुँह गिर पड़ता है।

ऐसी स्थिति से निपटने का एक तरीका हो सकता है। यह बात ख़ास तौर पर सामाजिक धारावाहिकों पर लागू होती है; क्योंकि उनकी कहानी कथात्मक बनाम काल्पनिक होती है।

जब भी (लंबे) सामाजिक धारावाहिक की कहानी या रूपरेखा निश्चित की जाए, उसमें पहले से ही 'लंबाई' के बीज बो दिए जाएँ, आधार पक्का कर लिया जाए। कहानी की संक्षिप्त रूपरेखा को प्रचलित भाषा में कल्पना या Concept या Concept note कहते हैं। इस संकल्पना में पहले ही पात्रों की संख्या लंबाई को ध्यान में रख तय कर ली जाए। कहानी का स्वरूप भी व्यापक हो, ताकि नई-नई बातें समाई जा सकें। कहानी में लचीलापन हो। कहानी को आगे बढ़ाते समय उसे जबरन खींचने का आभास न हो। ऐसी कहानी लंबी भी खींची जा सकती है, छोटी भी की जा सकती है...फिर भी उस पर आँच नहीं आएगी।

सही तरीका तो यही होगा कि निर्माता और चैनल पहले ही सुनिश्चित योजना बनाएँ और एपिसोडों की संख्या शुरू में ही तय कर लें। फिर किसी हालत में लालच में न पड़ें।

बच्चों की कहानी

फ़िल्म या टेलीविजन के लिए बच्चों हेतु कहानी लिखते समय कोई अलग तकनीक नहीं अपनानी पड़ती। कुछ बातों का ध्यान रखना पड़ता है।

उनके लिए कहानी लिखते समय उनकी दो आदतें स्पष्ट तौर पर महत्त्वपूर्ण मानी जाएँ। एक तो बच्चे स्वभाव से 'बेमुरब्बत' होते हैं। यानी आप उन पर कुछ भी नहीं थोप सकते। थोपने की स्थिति में वे भाग खड़े होते हैं, या छुटकारे हेतु सौ बहाने ढूँढ़ते हैं।

दूसरे, फ़िल्म या टीवी धारावाहिक देखते समय वे केवल कहानी पर ही अपना ध्यान केंद्रित नहीं करते, उन्हें परदे पर दिखाई दे रही हर छोटी-बड़ी चीज से आनंद प्राप्त होता है।

बच्चों के लिए कहानी लिखते समय बाहरी माहौल तथा कहानी/प्रस्तुतीकरण के विभिन्न स्तंभों को भी महत्त्वपूर्ण योगदानकर्ता के रूप में स्वीकार करना पड़ता है। ऐसा करने से कहानी को बल ही मिलता है।

बच्चों की कहानी मनोरंजक हो। हँसते-खेलते, हल्के से कुछ कह देने की प्रवृत्ति उस में हो। बड़े या समझदार दर्शकों के लिए संवादों का महत्त्व होता है; अर्थात हर शब्द का वे मायने ढूँढ़ते हैं...बच्चों को लेकर यह बात सही नहीं है। बच्चों का रुझान सुनने से अधिक देखने में होता है। शब्दों पर दृश्य हावी हो जाए तो कुछ ग़ैर नहीं होगा।

बच्चों के लिए कल्पनावाद का अपना आनंद है। अतः कहानी लिखते समय घोर यथार्थवाद से बचना चाहिए। कहानी में निहित कल्पनावाद भी संतुलित हो।

प्रौढ़ों की तो 'एक ही उम्र' होती है; बच्चों की उम्र अलग-अलग। इसका संबंध उनकी ग्रहण शक्ति से होता है। बच्चों की कहानी लिखते समय उम्र से संबंधित संतुलन भी बनाए रखना चाहिए।

मनोरंजन हो या सीख, बच्चों को 'मॉडेल' के माध्यम से बात आसानी से समझ आती है। अतः कहानी का स्वरूप 'मॉडेल आधारित' हो, दूसरे शब्दों में 'मॉडेल सिद्धांत' को न भूला जाए।

अध्याय पाँच

पटकथा लेखन

- कथा जहाँ नींव है, वहीं पटकथा फलाफूला वृक्ष
- यादगार और उत्कृष्ट कृतियाँ अनुशासन और योजनाबद्ध तरीके से ही बनायी गयीं
- साहित्यिक कृति पर फ़िल्म या धारावाहिक बनाते समय फ़िल्मकार और साहित्यकार में आपसी सामंजस्य ज़रूरी
- क्रमवार ढंग से कहानी सुनाने के तरीके को ही अधिक तरजीह दी जाती है, फ्लैशबैक तरीके को कम
- डिटेलिंग (detailing) से दृश्य को अचूक बनाया जा सकता है
- कई मायनों में दृश्य मानदंड सदृश्य होते हैं

अगर लेखन सिनेमा तथा टेलीविजन माध्यम की आत्मा है तो पटकथा पूरे लेखन की आत्मा है। जैसा कि कहा गया है, लेखन के तीन अंग हैं–कथा, पटकथा तथा संवाद। कथा जहाँ नींव या जड़ें हैं, वहीं पटकथा फलाफूला वृक्ष। कथा लेखन में रह चुकी खामियाँ पटकथा में सुधार ली जा सकती हैं–जितनी पटकथा सशक्त, संवाद उसके अनुरूप लिख लिए जाते हैं।

कहानी लिखते समय सिनेमा-टेलीविजन विधा की सारी बारीकियों को ध्यान में रखना जरूरी नहीं है, लेकिन पटकथा लिखते समय ये बारीकियाँ, विशेषताएँ, तकनीकी पक्ष, अच्छाइयाँ-बुराइयाँ–सभी कुछ ध्यान में रखना पड़ता है।

पटकथा लेखन विशेषज्ञता प्राप्त लेखन

पटकथा लेखन विशेषज्ञता प्राप्त तथा पेशेवर लेखन है और बड़ा महत्त्वपूर्ण विभाग माना जाता है। पटकथा लेखन का महत्त्व इसी से समझा जा सकता है कि कई प्रशिक्षण संस्थानों में निर्देशन कला और पटकथा लेखन संयुक्त रूप से पढ़ाया जाता है। ऊपर पटकथा को वृक्ष की संज्ञा दी गई है। बोन्साई पद्धति से वृक्ष गमले में

भी उगाया जाता है। मैदान-जंगल में पनपनेवाला विशाल बरगद भी वृक्ष ही कहलाता है। अब यह लेखक पर निर्भर है कि वह पटकथा को बोन्साई वृक्ष बनाता है या विशाल बरगद!

भारतीय सिने-टीवी जगत में अनुशासन का अभाव है; किंतु विदेशों में जब तक सजिल्द पटकथा तैयार नहीं हो जाती, तब तक किसी भी प्रकार की पहल की ही नहीं जाती। वहाँ सजिल्द पटकथा (संवादों के साथ) शूटिंग से काफी समय पहले ही निर्देशक, कलाकार तथा अन्य विभागों को सौंप दी जाती है। सारे संबद्ध लोग पटकथा का अध्ययन करते हैं और अपने आपको तैयार कर लेते हैं। इसके बाद योजना में किसी प्रकार का परिवर्तन नहीं होता और सिलसिलेवार शूटिंग चलने लगती है।

हमारे यहाँ इक्का-दुक्का कलाकार ही इस अनुशासन को महत्त्व देते हैं। हाँ, टेलीविजन क्षेत्र में थोड़ा-बहुत अनुशासन देखने को मिलता है क्योंकि लिखित पटकथा के बगैर उस क्षेत्र का काम नहीं चल पाता।

जो शब्दों को, लेखन को, अनुशासन को महत्त्व देते हैं, वे ही अपवादी कलाकार पटकथा पर पहले से काम कर लेते हैं। बहुमुखी प्रतिभा के धनी स्व. सत्यजित राय इतने सुलझे निर्देशक थे कि वह पहले से पूरी तरह तैयार पटकथा को आधार बना रेखाचित्र (स्केचेस) भी बना लेते। इन्हीं स्केचों को मद्देनज़र रख पूरी शूटिंग होती।

संवादों सहित पटकथा इसलिए भी तैयार रहनी चाहिए क्योंकि फ़िल्म निर्माण एक लंबी प्रक्रिया है...इससे जुड़े कई विभाग होते हैं। छायाचित्रकार को भी लिखित पटकथा की ज़रूरत होती है ताकि वह पूरी फ़िल्म पर एकमुश्त तैयारी कर ले। उसी तरह मंचसज्जा, वेशभूषा, संकलन, अभिनय आदि विभागों से जुड़े कलाकारों-तकनीशियनों को भी अपने तईं तैयारियाँ पूरी करने हेतु लिखित पटकथा चाहिए ही होती है।

अमूमन भारतीय फ़िल्म जगत में विशेषकर हिंदी फ़िल्म जगत में निर्माणाधीन फ़िल्म का खाका केवल निर्देशक के ही दिमाग में होता है (वह भी कई बार स्पष्ट नहीं)। हर विभाग के कलाकार को उसकी ओर आशा से देखना पड़ता है। प्रतिदिन बल्कि प्रति टेक, प्रति शॉट, प्रति दृश्य योजना को वह संबंधित कलाकारों को सुना-समझा देता है। उस पर अमल हो जाता है...फिर अगली प्रतीक्षा...

इसे आप 'दिहाड़ी फ़िल्म निर्माण प्रक्रिया' (daily based film making process) कह सकते हैं। इससे समय, ऊर्जा, कार्य दिवस और धन का जहाँ बेतहाशा नुकसान होता है, वहीं भारी असुविधाओं का सामना करना पड़ता है। इसी कारण फ़िल्म के तरतीबवार और उम्दा बनने की कोई गारंटी नहीं रहती। शायद, सफल और यादगार फ़िल्में बनाने का यह सही फॉर्मूला भी नहीं हो सकता।

फ़िल्म और टेलीविज़न क्षेत्र के इतिहास पर नज़र डालने से पता चलेगा कि यादगार और उत्कृष्ट कृतियाँ अनुशासन और योजनाबद्ध तरीके से ही बनाई गईं।

पटकथाएँ साहित्यिक तथा स्वलिखित कहानियों पर आधारित

कहानी लेखन अध्याय में हम चर्चा कर चुके हैं कि दो प्रकार की कहानियाँ होती हैं। इसी का अर्थ पटकथाएँ भी दो प्रकार की कहानियाँ को आधार बना लिखी जाती हैं। एक साहित्यिक, दूसरे स्वलिखित कहानियाँ।

चूँकि साहित्यिक कृतियाँ पहले से लिखी होती हैं...और अगर वे पढ़नेवाले को प्रभावित करती हैं तो स्वाभाविक है कि उस पर फ़िल्म भी बने। ये साहित्यिक कृति छोटी-लंबी कहानियाँ या उपन्यास हो सकती हैं।

साहब, बीवी और गुलाम, देवदास, गाइड, तमस, श्रीकांत, त्यागपत्र, राग दरबारी, आँधी, मौसम, हजार चौरासी की माँ, तीसरी कसम, शतरंज के मोहरे, सद्‌गति, डिसकवरी ऑफ इंडिया आदि कई साहित्यिक कृतियों की मिसालें दी जा सकती हैं। (यह बात अलग है कि ये कितनी ईमानदारी से बनायी गयीं)

साहित्यिक कृतियों पर फ़िल्म या टेलीविजन धारावाहिक बनाते समय बरती जानेवाली ईमानदारी और इस प्रयास में आनेवाली अड़चनें एक मिलाजुला मुद्दा है। जहाँ तक पटकथा का सवाल है ईमानदारी और अड़चनों के बीच की दूरी बहुत कम है। जब कोई साहित्यिक कृति फ़िल्म बनाने के लिए उठाई जाती है, तो फ़िल्म बनाते समय कृति पर दृश्य-श्रव्य माध्यम की कसौटी ही मानदंड के रूप में अपनाई जाती है। यह निर्माता निर्देशक पर निर्भर होता है कि वह फ़िल्म बनाते समय मूल साहित्यिक कृति से कितना खिलवाड़ करे। कुछ निर्माता-निर्देशक मूल कृति से अधिक से अधिक साहित्यिकता ग्रहण करते हैं, तो कुछ निर्माता-निर्देशक कम साहित्यिकता बनाए रखते हैं और सिनेमा माध्यम की खूबियों को अधिक महत्त्व देते हैं। चूँकि ये दोनों अलग-अलग माध्यम हैं, अतः ऐसा होना स्वाभाविक है। अंतर केवल अनुपात का है।

टेलीविजन धारावाहिक बनाते समय अधिक से अधिक साहित्यिकता बनाए रखी जाती है। क्योंकि धारावाहिकों में गंभीरता को अभी भी महत्त्व प्राप्त है। फिर धारावाहिक बनाते समय लंबाई की समस्या आड़े नहीं आती। अतः साहित्यिक कृति में निहित छोटी-बड़ी बातों को धारावाहिक में तरजीह मिल जाती है।

मिसाल से भी उक्त बात स्पष्ट हो सकती है। कपड़े से पुरुषों की भी क़मीज़ बनती है और औरतों की भी क़मीज़। अब अगर स्त्री की क़मीज़ से पुरुष की क़मीज़ या फिर पुरुष की क़मीज़ से स्त्री की क़मीज़ बनानी हो तो कैंची तो चलानी पड़ेगी। और कैंची चलाते समय मूल क़मीज़ पर आघात तो होना ही है। यह कैंची चलानेवाले पर निर्भर करता है कि वह किस मानसिकता को बनाए रखकर कैंची चलाता है। एक दर्जी मूल क़मीज़ को केवल उपलब्ध कपड़ा मानता है, उसी तरह जैसे वह बाज़ार से थान में से कपड़ा कटवाकर लाता है। दूसरा दर्जी मूल क़मीज़ को क़मीज़ ही मानता है और बड़ी जागरूकता से, सहानुभूति रखते हुए, उदारता बरत, कलात्मक

रुख अपनाकर अपने लिए वांछित क़मीज़ निकाल लेता है। ऐसा करते समय वह मूल क़मीज़ को कम से कम नुकसान पहुँचाता है; उतना ही जितना अपरिहार्य है।

आपसी सामंजस्य जरूरी

साहित्यिक कृति पर फ़िल्म या धारावाहिक बनाते समय फ़िल्मकार और साहित्यकार में आपसी सामंजस्य बहुत ज़रूरी है। दोनों को कुछ खोने तो कुछ पाने के लिए तैयार रहना चाहिए।

पटकथा लिखते समय या फ़िल्म बनाते समय साहित्यिक कृति के कुछ अंश तो वैसे भी काटने ही पड़ते हैं; मिसाल के तौर पर शाब्दिक वर्णनात्मकता। साहित्यकार के पास एक ही रास्ता बचता है। शब्दों के ज़रिए रेखांकन कर चित्र खड़ा करना। दृश्य-श्रव्य माध्यम में चित्र खड़ा करने के अलग तरीके हैं।

मान लीजिए कि एक घुड़सवार घने जंगल से गुजर रहा है। आह्लादकारी प्रकृति घुड़सवार के मन को बाग-बाग कर देती है। घुड़सवार बस गुजर रहा है, प्रकृति उसका साथ देती है। मीलों का प्रवास...

साहित्यकार अपनी प्रतिभा के ज़रिए इस प्रसंग का ऐसा जीवित वर्णन करता है कि पाठक उससे मानो पूरी तरह तादात्म्य स्थापित कर लेता है। उसमें खो जाता है, चाहता है कि ऐसा प्रसंग शब्द-दर-शब्द, पेज-दर-पेज चलता रहे और वह उसमें डूबता-उतराता रहे। साहित्यकार की सफलता यहाँ भी सिद्ध हो जाती है।

समझो कि यह वर्णन 10-15-20 पेज में है। फ़िल्मकार या पटकथा लेखक इसे पढ़कर प्रभावित भी होता है, लेकिन अगर वह इस सारे प्रसंग को प्रत्यक्ष परदे पर उतारना भी चाहे, तो यह टेढ़ी खीर साबित होगा।

पहली बात तो यह कि साहित्यिक कृति का पाठक यह मानकर चलता है कि किसी भी सूक्ष्म या स्थूल, मूर्त्त या अमूर्त्त तत्त्व का कितनी गहराई से उल्लेख करे, इसकी स्वतंत्रता साहित्यकार को होती है। साहित्यिक कृति में निहित कमोबेश हर पक्ष को स्वीकार करने की मानसिकता पाठक की होती है। यह बात दृश्य-श्रव्य माध्यम के दर्शकों के साथ खरी नहीं उतरती।

दूसरे, जिस प्रकार की प्रकृति का वर्णन साहित्यकार ने अपनी कृति में किया है, क्या पटकथा लेखक या फ़िल्मकार के पास हूबहू ऐसी प्रकृति उपलब्ध है? फ़िल्मकार तो अपनी पसंद और उपलब्धता के अनुसार प्रकृति का कोई स्थान चुन, उसका फ़िल्मांकन कर लेगा। यदि यह पूरा दृश्य साहित्यिक कृति में निहित प्रसंग से कमजोर या फीका पड़ जाए तो?...प्रयास विफल माने जाएँगे।

तीसरे, दृश्य-श्रव्य माध्यम मोटे तौर पर 'स्थूल' या 'स्थूलता' का माध्यम है। इसका मतलब यह नहीं कि जीवनसंबंधी तथा कलात्मक सूक्ष्मताओं को इस माध्यम

में स्थान नहीं है। है भी, लेकिन साहित्यिक विधा में जैसा स्थान है, वैसा निश्चित ही नहीं। दृश्य-श्रव्य माध्यम की सूक्ष्मताएँ अलग प्रकार की हैं।

नियमतया दृश्य-श्रव्य माध्यम का दर्शक थोड़ी उतावली मानसिकता का होता है। परदे पर की विभिन्न विशेषताओं, खूबसूरतियों को मान्यता देने पर भी, उसका मूलतः यही कहना होता है कि कहानी आगे बढ़ाओ, हमारी जिज्ञासाएँ (फटाफट) पूरी करते चलो।

इसी मिसाल को दूसरे ढंग से समझें

उपर्युक्त साहित्यिक कृति ऐतिहासिक उपन्यास है। इसका प्रमुख पात्र (घुड़सवार) किसी रियासत का राजकुमार है। इस रियासत और पड़ोसी राज्य में परंपरागत दुश्मनी रही है। लेकिन अचानक राजकुमार का पिता जो कि इस समय शासक है, कोई बात महसूस करता है। इस पर अमल करने हेतु वह पड़ोसी दुश्मन शासक को एक गुप्त संदेश भेजना चाहता है। उसके दृष्टिकोण से यह कार्य इतना जरूरी और महत्त्वपूर्ण है, फिर गुप्त भी कि वह अपने किसी कर्मचारी पर विश्वास नहीं करता और संदेश राजकुमार के हाथों ही भेजना चाहता है।

दूसरी ओर राजकुमार लुकछुप कर, पड़ोसी दुश्मन राजा की राजकन्या से मन ही मन प्रेम करता है। अतः वह संदेश ले जाते समय बहुत प्रसन्न है। उसकी यही मानसिक प्रसन्नता लुभावनी प्रकृति से तादात्म्य स्थापित करती चली जा रही है। परिणामस्वरूप साहित्यकार इस अवस्था का अनवरत वर्णन किए चला जा रहा है...जो (पाठकों की) भावनाओं को अधिक उभार ही रहा है।

हालाँकि प्रसंग का एक पक्ष यह भी है कि न राजकुमार को पता है कि गुप्त संदेश में क्या लिखा है, न ही राजा को यह पता कि राजकुमार पड़ोसी राजकन्या से प्रेम करता है।

अब यदि जिस लंबाई से साहित्यकार ने प्रकृति का वर्णन किया है, उसी अनुपात की लंबाई पटकथाकार या फ़िल्मकार अपनी फ़िल्म में बनाए रखता है, तो यह दर्शकों के लिए जानलेवा सिद्ध होगा। उनके लिए यह प्रकृति गौण हो जाएगी (जबकि उपन्यास में इसका समान महत्त्व है)।

आम दर्शक की यही मान्यता और बेचैनी होगी कि हमें यह बताओ कि राजकुमार कौन-सा गुप्त संदेश ले जा रहा है, और कहानी आगे कैसा मोड़ ले रही है। (जहाँ तक प्रकृति का संबंध है) वह प्रकृति तो अन्य माध्यमों से भी देख लेता है। यहाँ उसकी प्रथम आवश्यकता कहानी और जिज्ञासा की पूर्त्ति है।

हाँ, यह भी स्वाभाविक है कि अगर राजकुमार घोड़े पर सवार हो महल से निकला है और उसे कहीं पहुँचना है तो बीच का रास्ता भी दिखाया जाए। किंतु यह संकेत रूप में होना चाहिए, प्रकृति की सुंदरता दिखाते हुए भी...सीमा में रह कर।

विकल्प यह भी हो सकता है कि कोरी प्रकृति दिखाने के बजाय घुड़सवार की मानसिक ऊहापोह दृश्य/कल्पना/घटना के माध्यम से दिखाई जाए...ताकि रिक्तता भरी जा सके।

उपर्युक्त प्रसंग एक मिसाल थी। साहित्यिक कृतियों में ऐसी कई बारीकियाँ, खूबियाँ होती हैं। लेकिन उन्हें दृश्य-श्रव्य माध्यम में रूपांतरित करते समय 'वजनदार विकल्प' अपनाया जाना चाहिए। साथ ही घटनाओं और शेष वर्णनात्मकता में संतुलन बनाए रखा जाना चाहिए।

इसी मानदंड के तहत यह निर्णय लेना आसान होता है कि किस साहित्यिक कृति पर फ़िल्म/धारावाहिक बन सकता है किस पर नहीं। कई साहित्यिक कहानियाँ शाब्दिक या चर्चात्मक स्वरूप की अधिक होती हैं। इन पर फ़िल्म/धारावाहिक बनाना संभव नहीं हो पाता। इसके विपरीत कई सस्ते पाकेट बुक्स में लिखित उपन्यास को फ़िल्माकर उठा लेता है और उस पर सफल फ़िल्म बना कर दिखाता है। क्योंकि ऐसे उपन्यास घटना-बहुल होते हैं।

केवल सिनेमा तथा टेलीविजन के लिए लिखी कहानी इस माध्यम के लिहाज़ से मौलिक तो होती ही है, इसमें माध्यम संबंधी बारीकियाँ तथा संभावनाएँ पहले से ही मौजूद होती हैं। ऐसी कहानी को पटकथा के रूप में विस्तार देना आसान होता है।

प्रत्यक्ष पटकथा लेखन

कथा को पटकथा में परिवर्तित करते समय सबसे पहले यह तय करना होता है कि कहानी यानी फ़िल्म/टीवी धारावाहिक के भीतर निहित कहानी किस तरीके से कही जाए। आम तौर पर कथा में पहले से ही यह तरीका अपनाया नहीं जाता, इसकी आवश्यकता भी नहीं है। ठोस कथा तैयार होने पर यह सोच पाना ज़्यादा आसान है कि कहानी किस तरीके से आगे बढ़ाई जाए।

मोटे तौर पर तो दो ही तरीके होते हैं—पहला यह कि सीधे-सीधे प्रत्यक्ष कहानी कहते चलो यानी कहानी बिल्कुल शुरुआत से प्रारंभ करो और उसे आगे बढ़ाते चलो...अंत में खत्म कर दो। नियमतया यही तरीका अपनाया जाता है।

दूसरा तरीका है उल्टी शैली में कहानी सुनाओ। अंत पहले बता दो, और धीरे-धीरे कहानी आगे बढ़ाओ। इस तकनीक को फ्लैश बैक कहते हैं।

यह विषय पर निर्भर रहता है कि कहानी सीधे-सीधे सुनाई जाए या फ्लैश बैक में। मूल कहानी पढ़ते ही यह ध्यान में आ जाता है कि कहानी सीधे-सीधे कही जाए या फ्लैश बैक में।

कहानी क्रमवार सुनाई जाए

जब महसूस हो कि फ्लैश बैक में कहानी सुनाने का असर ज़्यादा होगा, तो फ्लैश बैक में कहानी सुनाई जाए। पुनर्जन्म की कहानी अक्सर फ्लैश बैक में सुनाई जाती है। यह सही भी है। पात्र की मौजूदा ज़िंदगी की कुछ बातें बता दी जाती हैं, फिर कोई सूत्र पकड़कर पुराने जन्म में प्रवेश किया जाता है। अगर पुराने जन्म से कहानी शुरू की जाए तो दर्शकों को कहानी का सूत्र ही समझ में नहीं आएगा।

कोई न कोई संकेत इस जन्म की कहानी का हो, फिर दर्शकों से बता दिया जाए कि अब कहानी पुराने समय की कही जा रही है। अंत में जरूरी हो, तो पुनः कहानी को मौजूदा जन्म से जोड़ दिया जाए।

फ्लैश बैक कितना लंबा हो यह कहानी पर निर्भर करता है। विमल रॉय की फ़िल्म 'मधुमति' फ्लैश बैक का अच्छा नमूना है। लगभग पूरी कहानी फ्लैश बैक में चलती है। कहानी पुनर्जन्म पर आधारित थी। फ़िल्म 'मिलन' भी इसी तरह की फ़िल्म थी। 'नीलकमल' फ़िल्म में फ्लैश बैक का प्रयोग सीमित लंबाई के लिए हुआ है।

फ्लैश बैक दो-एक दृश्यों के लिए भी इस्तेमाल होता है। आप रास्ते से जा रहे हैं और अचानक आपके सामने एक अज़नबी आ खड़ा होता है। आपको लगता है कि आपने इन्हें कहीं देखा है। आप यादों में खो जाते हैं। ये यादें ही फ्लैश बैक द्वारा दो-एक दृश्यों में चलती हैं।

फ्लैश बैक दर्शक की एकाग्रता तथा कथा के प्रवाह को तोड़ते हैं, इसलिए फ्लैश बैक तकनीक को बहुत अच्छा नहीं माना जाता। अनिवार्य समझने पर ही फ्लैश बैक का इस्तेमाल होना चाहिए।

कुछ और गौण तरीके अपनाए जाते हैं; मसलन सपने के माध्यम से कहानी कहना, दो पात्रों के आपसी वार्त्तालाप के ज़रिए, विभिन्न सूत्रधारों के माध्यम से आदि आदि।

सबसे सही तरीका सीधे-सीधे कहानी क्रमवार बखान करने का है। चाहें तो आप अपनी कहानी/पटकथा में शैली को लेकर ऐसा परिवर्तन कर लें, ताकि यह तरीका अपनाया जा सके।

दृश्य लेखन

एक दृश्य में आप एक बात कहते हैं...इससे अगले दृश्य में आगे की बात कहते हैं...इस तरह दृश्य-दर-दृश्य कहानी आगे बढ़ती जाती है। दृश्य-श्रव्य माध्यम में बात आगे बढ़ाने के दो ही तरीके हैं। एक दृश्य, दूसरे संवाद या कमेंटरी (commentary)।

अतः यह लाज़िमी है कि आप हर बात, जो बताना चाहते हैं उसे लेकर दृश्य बनाइए। दृश्य आपकी बात कह देगा।

आपकी लिखी कहानी का पहला पैराग्राफ इस प्रकार है—

सुबोध एक मध्यमवर्गीय परिवार में जन्मा इक्कीस साल का यथार्थवादी सोच का युवक है। पिता, कस्बे की नगरपालिका में लिपिक हैं। माँ घरेलू स्त्री है। सुबोध की दो बड़ी बहनें हैं। एक विकलांग है। दूसरी को अधूरी पढ़ाई के बाद ही पढ़ने से रोक दिया गया। माता-पिता दोनों ही सुबोध को जो प्यार देते हैं, वह अपनी लड़कियों को नहीं। उनके हर व्यवहार से हमेशा पक्षपात ही झलकता है। माता-पिता दोनों की इच्छा है कि सुबोध तेजी से कम्प्यूटर की पढ़ाई में आगे बढ़ता जाए और एक रोज सॉफ्टवेयर प्रोफेशनल बन जाए, चाहे तो विदेश जाकर बहुत पैसा कमाए। किंतु सुबोध इन हवाई बातों से विचलित नहीं होता। वह आत्मविश्वास के बूते सच्चाई का सामना करता है।

उपर्युक्त कहानी में निहित बहुत सारी बातें आगे कही गई हैं। उन्हें भी हम शुरुआती दृश्यों के लिए प्रयोग में ला सकते हैं। चूँकि हमारे पास इस समय एक पैराग्राफ ही उपलब्ध है, हमें इसमें कही गई बातों में से ही कोई सूत्र उठा कर पटकथा की नींव डालनी है।

कृति के सबसे पहले दृश्य को लिखते समय अक्सर तीन बातें देखी जाती हैं। शुरुआत आकर्षक हो। निर्देशक हो, लेखक हो या कलाकार...उसकी मंशा होती है कि पहला दृश्य ऐसा हो जिसे देख दर्शक प्रभावित हो जाएँ। यह प्रभाव कुछ लंबाई तक बना रहता है। दर्शक जहाँ वाहवाही करते हैं, वहीं उनमें जोश और जिज्ञासा पैदा होती है।

प्रथम दृश्य हेतु कुछ लोग कहानी से ही कोई असरदार तत्त्व चुन लेते हैं, कोई प्रतीकात्मकता का सहारा लेता है, कोई प्रकृति का, कोई अपनी शैली स्वयं ही गढ़ लेता है।

ख्याल रहे, पहले दृश्य का सूत्र आपको कहानी के प्रारंभ के अंशों से ही उठाना है। यह काल्पनिक भी हो सकता है, यथार्थवादी भी। लेकिन प्रभावशाली या कुछ नया देने के चक्कर में आप कहानी का वह हिस्सा प्रकट कर देते हैं, जो चरमोत्कर्ष के समय प्रकट होना है, तो आपके लिए कहानी सम्हालना मुश्किल हो जाएगा। पहले भी कहा गया है कि बड़ी बात के बाद छोटी बात नहीं कही जा सकती। जहाँ से आप प्रारंभ करते हैं, वहाँ से आपको उत्तरोत्तर आगे, ऊँचाइयों की ओर बढ़ना होता है।

पात्रों की मानसिकता

दूसरी बात जो दृश्य लिखते समय ध्यान में रखनी है, वह है पात्र का चरित्र और उसकी मानसिकता।

तीसरी बात यह कि शुरुआत किस बिंदु से करें...उसी बिंदु को महत्ता दें जिसका प्रस्तुतीकरण करना होगा।

उक्त पूरे पैराग्राफ को कहानी का प्रारंभिक अंश मान लें। अतः आपको पैराग्राफ में लिखी जो भी बात जँच जाए उसे आप चुन कर दृश्य में ढालें। पैराग्राफ में लिखी बाकी बातें समांतर मानी जाएँ और एक-एक कर किंतु कहानी का क्रम न तोड़ते हुए दृश्यों में परिवर्तित करते जाएँ। इस बात का ध्यान अवश्य रखें कि जिस पात्र, या परिवार या माहौल का आपको परिचय देना है, वह अधूरा न दें।

बहुत कुछ बता देने के बाद आप दिखा रहे हैं कि नायक की एक बहन विकलांग है तो दर्शकों को झटका भी लगेगा और कहानी एक तरह से पीछे चली जाएगी। पात्र के चरित्रीकरण की बात इसीलिए उठाई गई ताकि दर्शक समझ लें कि जिन प्रमुख पात्रों की कहानी वह देखने जा रहा है वे कैसे पात्र हैं, उनकी मानसिकता क्या है। वे गरीब हैं या अमीर या मध्यमवर्गीय। परिवार का आपसी तालमेल कैसा है...ये परिचयात्मक पहलू होंगे।

एक बात और, पहले ही दृश्य या शॉट से निराशाजनक वातावरण पैदा न हो। भले ही दुखभरी, संघर्षमयी, उद्वेलित करनेवाली कहानी हो किंतु शुरुआत निराशाजनक न हो।

दृश्य लिखते समय के विकल्प

प्रत्यक्ष दृश्य लिखते समय आपके सामने निम्न पहलू/विकल्प हैं—

1. परिवार मध्यमवर्गीय है।
2. माता-पिता के व्यवहार में पक्षपात है।
3. माता-पिता महत्त्वाकांक्षी हैं।
4. परिवार में स्त्री को नहीं, पुरुष को महत्त्व दिया जाता है।
5. सुबोध कॉलेज में पढ़नेवाला युवक।
6. सुबोध आत्मविश्वास से पूर्ण यथार्थवादी सोच का युवक है वगैरह वगैरह।

इनमें से कोई भी पहलू या इन पहलुओं के समदृश्य पहलू को चुनकर पहला दृश्य लिखा जा सकता है। उक्त पहलू को दृश्य में ढालते समय प्रभाव कैसे बनाए रखा जा सकता है, यह पटकथा लेखक तथा निर्देशक पर निर्भर है।

चुने हुए एक पहलू को दिखाने के भी विभिन्न तरीके हो सकते हैं। इस हेतु आपको विभिन्न स्थानों में से एक स्थान तथा विभिन्न पात्रों में से एक या एक से ज़्यादा सह-पात्र ढूँढ़ने होंगे।

मान लो कि आप प्रथम दृश्य के लिए कहानी का यह पहलू तय करते हैं...सुबोध आत्मविश्वास से पूर्ण यथार्थवादी सोच का युवक है...

इसके बाद आपको जगह का चुनाव करना पड़ेगा। क्या आप घर में ही युवक का चरित्रीकरण करते हैं, कॉलेज चुनते हैं या रास्ता या मैदान या भीड़...

क्या आप उसे आत्मविश्वासी और यथार्थवादी दिखाने के लिए वार्त्तालाप का सहारा लेते हैं या किसी घटना, किसी करतूत के ज़रिए उसके ये गुण बताना चाहते हैं?

अगर वार्त्तालाप के ज़रिए गुणों का खुलासा करना चाहते हैं तो क्या किसी तीसरे व्यक्ति के माध्यम से या सुबोध के साथ किसी और सह-पात्र के वार्त्तालाप के ज़रिए?...अगर घटना या करतूत चुनते हैं तो कौन-सी जो उसके चरित्र को सुलझे ढंग से बता दे...वह करतूत/घटना कहाँ घटित होगी...किस बहाने होगी...किन पात्रों के साथ मिलकर होगी...कहीं यह घटना दिखावा, बनावटी करतूत तो साबित नहीं होगी?...अगर ऐसा हो तो सुबोध के चरित्र को लेकर दर्शकों पर उल्टा असर पड़ेगा...करतूत चुनते/दिखाते समय क्या उसका प्रभाव सहज, स्वाभाविक और स्वीकार करने योग्य होगा?

विकल्प तय कर आगे बढ़ना

मिसाल के तौर पर आपने इन तमाम बातों में से यह तय किया कि सुबोध को यथार्थवादी और आत्मविश्वासी किसी करतूत/घटना के ज़रिए दिखाएँगे...स्थान होगा कॉलेज।

अब आप अपनी कल्पनाशक्ति को धार देंगे और तय करेंगे कि ऐसी कौन-सी करतूत/घटना हो सकती है जो बात को असरदार बनाए। फिर आपके सामने विकल्प खुले हैं...आप इनमें से एक चुनते हैं...

मोटे तौर पर घटना इस प्रकार है–

कॉलेज के नोटिस बोर्ड पर ताज़ा नोटिस चिपका हुआ है। छात्र-छात्राओं की भीड़ नोटिस पढ़ने और कुछ नोट करने के लिए बड़ी अधीर है। नोटिस के अनुसार अमेरिका के किसी मानवसेवी फाउंडेशन की ओर से पढ़ाई हेतु स्कॉलरशिप दी जानी है। इस स्कॉलरशिप का माने है टेक्सास में पूरी पढ़ाई, रहना, आवागमन, पॉकेटमनी आदि का खर्च। स्कॉलरशिप की संख्या सीमित है। इस हेतु परीक्षा होनी है। प्रतिभाशाली छात्र ही इसमें सफलता पा सकता है। सुबोध प्रतिभाशाली है और स्कॉलरशिप प्राप्त होने के उसके लिए अधिक से अधिक अवसर हैं।

सुबोध नोटिस बोर्ड के पड़ोस से गुजरता है, बगैर नोटिस बोर्ड की ओर ध्यान दिए। दूसरी ओर से दौड़ा-दौड़ा एक छात्र आता है और सुबोध के रुख के प्रति आश्चर्य जताता है। दोनों के वार्त्तालाप से पता चल जाता है कि सुबोध को इस प्रकार के लुभावने प्रस्ताव में कोई दिलचस्पी नहीं है...

अगर इस कहानी में कहीं प्रेम प्रकरण भी है और यह पता नहीं कि सुबोध किसी से प्यार करता है या कोई लड़की उससे प्यार करती है...तो इस दृश्य में इस पहलू को भी भुनाया जा सकता है। माने एक ही दृश्य में दो प्रस्तावना...

स्थान और समय लिखें

दृश्य लिखने से पहले कही गई बात के साथ-साथ स्थान यानी लोकेशन भी तय हो जानी चाहिए।

यहाँ अगर कॉलेज की लोकेशन चुनी गई है तो लिखना होगा—इंटेरियर या एक्स्टेरियर यानी कॉलेज का भीतरी हिस्सा (इंटेरियर) या बाहरी हिस्सा (एक्स्टेरियर)। जिस भी स्थान का भीतरी या बाहरी हिस्सा होता है, उस पर यह नियम लागू होता है। मसलन घर, दफ्तर, इमारत, कॉलेज आदि आदि...पहाड़ या मैदान का इंटेरियर, एक्स्टेरियर हिस्सा नहीं हो सकता, अतः लिखने की आवश्यकता नहीं है।

समय लिखते समय दिन या रात, बस इसी का उल्लेख करना होता है। हाँ, दृश्य के भीतरी वर्णन में घड़ी के अनुसार समय ज़रूर लिखा जा सकता है।

इन दोनों मुद्दों का उल्लेख करने के पीछे खास दृष्टिकोण होता है। यदि आप सीन के ऊपरी हिस्से में स्थान न लिखें तो हर बार निर्देशक और उसके स्टाफ को दृश्य का वर्णन पढ़कर समझना होगा कि लोकेशन कौन-सी है। अतः आसान तरीका है कि आम दृश्य के शुरू में ही स्थान लिख दें।

दूसरे...शूटिंग के समय यह तरीका अपनाया जाता है कि एक लोकेशन पर होने वाली सारी शूटिंग एक ही बार के कार्यक्रम (शेड्यूल) में पूरी कर ली जाए। मान लिया जाए कि पूरी कहानी में कॉलेज परिसर में तीन दृश्य घटित होते हैं। भले ही इन तीन दृश्यों के बीच में कई दूसरे दृश्य पिरो दिए गए हों। लेकिन आम तौर पर कॉलेज में शूटिंग करते समय कोशिश यह होती है कि कॉलेज के सारे सीन (इस कहानी में लीन) एक ही कार्यक्रम/शेड्यूल में लगातार शूट कर लिए जाएँ...बस, माहौल, पात्रों की उम्र, वेशभूषा आदि में जो बदल करना पड़ता है, वह कर लिया जाता है। इससे पैसे, ऊर्जा और समय की बचत होती है।

इकट्ठे शूट हुए हिस्सों को संकलन (एडिटिंग) करते समय अलग-अलग कर लिया जाता है और जो दृश्य जहाँ पिरोना होता है, वहाँ पिरो दिया जाता है।

यदि कश्मीर के लद्दाख क्षेत्र में...या अफ्रीका के घने जंगलों में...या पैरिस के आइफिल टॉवर पर फ़िल्म का पहला दृश्य घटित होता है और कहानी के अंत में भी इन्हीं में से एक स्थान पर दृश्य घटित होता है तो ऐसा करने की ज़रूरत नहीं कि पहली शूटिंग आइफिल टॉवर के पास कर ली। फिर भारत आकर बीच की शूटिंग कर ली। फिर दुबारा पैरिस जा आइफिल टॉवर के पास अंतिम दृश्य की शूटिंग कर ली। दृश्यों को कहानी में बताए गए क्रम से ही शूट करने की ज़रूरत नहीं होती। कोई भी सीन किसी भी समय शूट किया जा सकता है।

पूरी स्क्रिप्ट (पटकथा, संवाद) तैयार हो जाने पर निर्देशन विभाग का स्टाफ/सहायक निर्देशक लोकेशन के हिसाब से एक सूची तैयार करता है। वह सूची इस प्रकार होगी—8 सीन घर में, 5 सीन मैदान में, 6 पहाड़ पर, 2 हवाई अड्डे पर, 2 आइफिल टॉवर

के पास...वगैरह वगैरह। इसे ध्यान में रख कर फ़िल्मांकन कार्यक्रम (शूटिंग शेड्यूल) बनाया जाता है।

समय का संबंध दृश्य में की जानेवाली प्रकाश व्यवस्था से है। दिन के समय की प्रकाश व्यवस्था अलग होती है, रात के समय की अलग। स्थान के साथ-साथ यह भी तय हो जाता है कि दृश्य का समय दिन का है या रात का। यह जानकारी छायाचित्रकार को दे दी जाती है...और वह उस दृष्टिकाण से लोकेशन पर कृत्रिम प्रकाश की व्यवस्था करता है। यह प्रकाश व्यवस्था अलग-अलग पावर के बल्बों/लाइट के ज़रिए की जाती है। प्रकाश को परावर्त्तित करनेवाले चमकीले रिफ्लेक्टर (Reflector) भी इस्तेमाल में लाए जाते हैं।

दृश्य लेखन का तकनीकी तरीका

उल्लिखित सारे नियमों/पहलुओं को ध्यान में रखकर दृश्य वास्तविक रूप में कैसा लिखा जाए, इसकी मिसाल देखें–

दृश्य 1
कॉलेज (इंटेरियर)
दिन

(कॉलेज में रोजमर्रा की चहल-पहल है। कॉलेज के नोटिस बोर्ड पर अभी-अभी एक नोटिस लगा है। नोटिस देखने हेतु छात्र-छात्राओं की भीड़ लगी है। कुछ नोटिस देखने-पढ़ने के लिए उतावले हैं, तो कुछ अपनी नोटबुक में नोट करने में व्यस्त।

कुछ दूरी से बी.कॉम के आखिरी साल में पढ़ रहा सुबोध आता दिखाई देता है। सुबोध आत्मविश्वास से भरपूर, ज़मीनी सच्चाई को समझनेवाला, आदर्शवाद की ओर झुका मध्यमवर्गीय युवक है।

वह इस समय अकेला है। नोटिस बोर्ड के पड़ोस से गुजरता वह वहाँ के माहौल पर एक नज़र डालता है। लेकिन बगैर विचलित हुए या आश्चर्य जताए आगे बढ़ जाता है। उसके व्यवहार में सादगी है, कहीं बनावट नहीं। दूसरी दिशा से हाथ में कॉपी और पेन लहराता एक छात्र बड़ी तेजी से, उछलते कूदते नोटिस बोर्ड की तरफ आ रहा है। वह बेचैन है। अचानक सुबोध से टकरा जाता है।

सुबोध को निर्विकार देख छात्र को आश्चर्य होता है। छात्र उसे गौर से निहारता है...)

छात्र : (आश्चर्य से) तूने नोटिस नहीं पढ़ा?
सुबोध : बाद में पढ़ लूँगा, भीड़ छँट जाने पर।
छात्र : यार तू अजीब है। अरे, फुलब्राइट फाउंडेशन की स्कॉलरशिप है। लोग हर साल मारामारी करते हैं कि मिल जाए और तू है कि...
सुबोध : (सादगी से) मैं यहीं पढ़ना चाहता हूँ।

छात्र : अच्छा तो, तुझे मगरूरी चढ़ी है...तू जानता है कि तुझे मिल सकती है, इसलिए...

(इसी समय सुषमा नाम की बी.ए. फाइनल में पढ़ रही खूबसूरत लड़की अपनी सहेलियों के साथ वहाँ से गुजर रही है। सुषमा है तो बड़े बाप की लेकिन घमंडी नहीं। वह सुबोध को नहीं जानती...दिलचस्प वार्त्तालाप के कारण सुबोध और छात्र की ओर उसका ध्यान बँट जाता है)

सुबोध : मैंने तो कभी सोचा ही नहीं था इस मामले में।

छात्र : अच्छा, तुमने नहीं सोचा होगा बच्चू...लेकिन आपके पिताजी की तो यही इच्छा है।

सुबोध : पिताजी की इच्छा पिताजी की है, मेरी इच्छा मेरी...चलो...

सुबोध हल्के कदम आगे बढ़ा निकल जाता है। छात्र उसे आश्चर्य से जाते हुए देखता है। वह तेजी से नोटिस बोर्ड की तरफ बढ़ता है।...इधर सुषमा, जो बड़े ध्यान और उत्सुकता से दोनों के बीच का वार्त्तालाप सुन रही थी, को उसकी सहेलियाँ खींच कर ले जाना चाहती हैं...''अरी चल न...क्या सुन रही है, क्या देख रही है...'' सुषमा कैमरे को पीठ दिखाते चले जा रहे सुबोध की ओर एक विशिष्ट भाव तथा अपनेपन से देखे जा रही है...

कट (cut)

उपर्युक्त दृश्य को अगर पहला दृश्य मानें तो इस प्रकार एक के बाद एक दृश्य लिखते जाना चाहिए।

यहाँ यह बता दें कि भले ही आपने अपनी पटकथा में कॉलेज (इंटेरियर) लिखा हो, लेकिन अगर निर्देशक को लगे कि कॉलेज का वातावरण दिखाने के लिए कॉलेज के कुछ और शॉट्स ले लें, तो यह उसकी इच्छा पर निर्भर होता है।

फ़िल्म कितनी लंबी है या धारावाहिक कितना लंबा है, तथा आपके लिखे विभिन्न दृश्यों की लंबाई कितनी है, इन बातों पर लिखे जानेवाले कुल दृश्यों की संख्या निर्भर करती है।

दूसरी मिसाल

एक और दृश्य की मिसाल देखें—

सीन 7

घर/एक्स्टेरियर

दिन

(कस्बेवाले अपने बड़े से घर के अहाते में अजय के बूढ़े माँ-बाप झूले पर बैठे, हल्के-हल्के झूल रहे हैं। छोटा-सा बगीचा है, उसी में झूला टँगा है। अजय की

बड़ी बहन मीना पौधों को पानी दे रही है। इस समय मीना की पीठ कैमरे की तरफ है। माँ-बाप भी हल्के-हल्के बतिया रहे हैं।

अचानक दूर से, शहर से ट्रेनिंग समाप्त कर अपने कस्बे आ रहा अजय दिखाई देता है। कुछ पलों बाद ही माँ की नज़र अजय पर पड़ती है। अजय देख चुका है कि मीना का उसकी ओर ध्यान नहीं है। वह उसे चिढ़ाना चाहता है। भाई-बहन में बचपन से प्रेम है। लेकिन अजय हमेशा मीना को चिढ़ाता रहा है। वह एक ख़ास अंदाज में हमेशा मीना की चोटी खींचता रहा। मीना परेशान होती, बनावटी गुस्सा भी करती।

इससे पहले कि इस समय अजय की माँ अचानक आए अजय को देख आश्चर्यचकित हो, खुशी से उछल पड़े, दबे पाँव आ रहा अजय माता-पिता को चुप रहने का इशारा करता है। वह चुपके से उनके पैर छूता है और मीना की ओर बढ़ जाता है। एकदम मीना की आँखें बंद करता है और अपने हमेशा के अंदाज में चोटी पकड़ खींचने लगता है। मीना...अरे कौन है, कौन है, कहती विचलित होती है। माँ-बाप दबी जुबाँ से हँसते हैं। अजय उन्हें इशारा करता है कि वह कुछ न कहें। माँ की हँसी रोके नहीं रुकती; वह जोर से हँस पड़ती है। अब तक मीना भी जान चुकी है कि हो न हो, यह अजय ही है। वह अजय को प्यार भरा चाँटा मार, स्वयं को छुड़ाने की नाकाम कोशिश करती है। अंत में वह सफल होती है। फौरन अजय के कान ऐंठती है। अजय 'माँ—दीदी से बचाओ, दीदी से बचाओ...देखो न पिताजी दीदी मुझ बेचारे को कैसे मार रही है...' कहता अपने आपको छुड़ाने की कोशिश करता है...माता-पिता अपनी संतान का आपसी प्रेम देख खुश हैं...)

कट

इस दृश्य में संवाद कम हैं, इसलिए इसे क्रमवार (running) शैली में लिखा गया है।

मोंटाज (Montage)

कई बार कहानी बहुत लंबी होती है। लेकिन आपके पास समय की सीमा होती है। फिर कुछ बातें ऐसी होती हैं, जो प्रतीकात्मक ढंग से, संक्षिप्त रूप से कह देना पर्याप्त होता है।

मिसाल के तौर पर एक पढ़ा-लिखा युवक गाँव-कस्बे से मुंबई आता है। वह रोजगार पाने हेतु दफ़्तर-दफ़्तर भटकता है...इसी में उसके कई दिन/महीने गुजर जाते हैं। यह उसके संघर्ष की गाथा भी है। लेकिन युवक के जीवन पर आधारित लंबी कहानी का यह एक छोटा हिस्सा है।

आप बार-बार यह दिखाएँ कि हर रोज वह अपने ठिकाने से निकल एक दफ़्तर जाता है, वहाँ उसे 'ना' में जवाब मिलता है। वह वहाँ से निकल दूसरे दफ़्तर जाता

है। वहाँ भी उसे नकारार्थी जवाब मिलता है। वह निराश हो वहाँ से निकल तीसरे दफ़्तर जाता है। इस तरह क्रम चलता रहता है...

यह बार-बार दिखाया जाए तो पुनरावृत्ति होगी, कहानी वहीं थम जाएगी, उबाऊपन आ जाएगा। अतः मोंटाजेस तकनीक का इस्तेमाल किया जाता है। इसके तहत स्वतंत्र रूप से दृश्य शूट कर लिए जाते हैं। इनमें विभिन्न प्रकार के दृश्य होंगे...घर से निकलने का दृश्य, सड़कों पर परेशान हो चलते रहने का दृश्य, दफ़्तर में जाने का दृश्य, वहाँ बतियाने-आवेदन देने का दृश्य, दिन-तारीख कैसे गुजर गए यह दिखाने वाला दृश्य...वगैरह।

इन सारे दृश्यों को तैरते बादलों की तरह एक-दूसरे में मिला लिया जाता है और परदे पर तैरते हुए दिखा एक-डेढ़ मिनट में कहानी आगे बढ़ा दी जाती है।

मोंटाजेस में अक्सर संवाद नहीं होते, हाँ पृष्ठभूमि में कमेंटरी हो सकती है। या फिर परदे पर संकेत रूप में कुछ लिखा हुआ हो सकता है।

मोंटाजेस में पात्र की मानसिकता या माहौल के स्वरूप को भी दिखाया जा सकता है। मिसाल के तौर पर बेरोजगार युवक कमजोर दिल का है। वह क़दम-क़दम पर निराश हो जाता है या आत्महत्या करने की सोचता है, तो हम मोंटाजेस के बीच कहीं दिखा सकते हैं कि युवक डूबते सूरज को ताकता, समुद्र किनारे निराश बैठा है। या वह पानी में छलाँग लगाने के लिए आतुर है या रेल पटरी पर आत्महत्या करना चाहता है...

युवक झगड़ालू स्वभाव का है तो हम उसे किसी दफ़्तर में कर्मचारियों से हुज्जत बाजी करता हुआ दिखा सकते हैं—दफ़्तर का माहौल और दरबान या चपरासी द्वारा युवक को धक्के दे बाहर निकाला जाना दिखा सकते हैं।

एक तरह से मोंटाजेस वर्णनात्मक, परिचयात्मक शैली है। कई प्रसंगों में इस्तेमाल होती है...बच्चे के जवान बनने के समय, कई लड़ाइयों के फलस्वरूप हुई जीत-हार, तबाही, विलाप के समय, प्रेम प्रकरण आगे बढ़ता हुआ दिखाते समय... सामाजिक-राजनीतिक कार्यकर्त्ता द्वारा संघर्ष करते, संघर्ष को आगे बढ़ाते समय...किसी समाज या परिवार का क्रमवार विकास दिखाते समय...आदि आदि।

लेखक को इस समय बहुत कुछ नहीं करना होता है, बस, निम्न शब्दों में लिख देना होता है...

"मोंटाजेस के ज़रिए हम दिखाते हैं कि बाल शिवाजी महाराज उत्तरोत्तर विद्या सीख, माता-पिता-गुरु से मार्गदर्शन पा योद्धाओं से युद्ध का प्रशिक्षण ले, राजकाज में रुचि दिखा एक योग्य युवक के रूप में बड़े हो जाते हैं..."

निर्देशक इस लेखन से संकेत ले कर विभिन्न दृश्यों का फ़िल्मांकन कर लेता है। इन दृश्यों या शॉट्स में होंगे—विद्या सीखने संबंधी दृश्य, माता-पिता-गुरु से

मार्गदर्शन प्राप्त करने संबंधी दृश्य, युद्ध प्रशिक्षण संबंधी दृश्य, राजकाज में रुचि लेनेवाले किशोर के जीवन के दृश्य...काबिल युवक की छवि दिखानेवाले दृश्य या शॉट्स आदि।

निर्देशक अपनी विवेक बुद्धि से भी कुछ दृश्य शॉट्स शूट कर लेता है। इन सबों को मिलाकर एक वांछित लंबाई के मोंटाजेस बना लिए जाते हैं। ये आधा मिनट अवधि के भी हो सकते हैं, एक मिनट-डेढ़ मिनट के भी। उद्देश्य केवल यही कि क्रमवार कहानी दर्शकों की समझ में आ जाए।

कई बार ऐसा भी होता है कि संबंधित पात्र की बड़ी-सी तस्वीर परदे के सामने के हिस्से में, कोई एक मुद्रा लिए दिखाई जाती है और पृष्ठभूमि में उसी पात्र से संबंधित मोंटाजेस तैरते दिखाए जाते हैं। इसका अर्थ होता है, दिखाए गए पात्र के जीवन में उपर्युक्त घटनाएँ घटी हैं—इस प्रकार का पतन या विकास हुआ है।

यह तकनीकी बातें हैं और निर्देशक के कार्यक्षेत्र के अधीन आती हैं। पटकथा लेखक को इस मामले में बहुत चिंतित होने की ज़रूरत नहीं है।

गहराई से वर्णन (detailing)

किसी भी दृश्य में एक वातावरण एक माहौल ज़रूर होता है। पात्र हो, तो उसकी मानसिकता होती है। संवाद हो या न हो, माहौल भी बोलता है। परिवार का दृश्य है, आश्रम का है, स्कूल-कॉलेज का, चर्च-मंदिर का, दफ़्तर का...तो मनुष्य निर्मित तत्त्व के साथ जुड़ा एक वातावरण होगा।

आश्रम की मिसाल लें। आश्रम मनुष्य द्वारा निर्मित एक व्यवस्था है। इस व्यवस्था में जीवित और निर्जीव दोनों ही तत्त्व होते हैं। जीवित के नाम पर गुरु, शिष्य, भक्त, भेंटकर्त्ता, कर्मचारी आदि होंगे। निर्जीव के नाम पर ख़ास प्रकार की कुटिया होगी, भीतर मंदिर होगा या मूर्त्ति होगी या चित्र होंगे...साथ ही पात्रों की वेशभूषा होगी।

फ़िल्मांकन दो जगह होता है...एक प्राकृतिक स्थल पर, दूसरे मानव निर्मित स्थल पर। प्राकृतिक स्थल को तो आपको उसी तरह फ़िल्माना होता है, जैसा उसका स्वरूप दिखाई दे रहा है। हाँ, कैमरे के कमाल से हम एक आभास पैदा करने की कोशिश ज़रूर कर सकते हैं। दूसरा विकल्प यह कि हम धरती पर स्थित पूरी प्रकृति और प्राकृतिक स्थलों को छान मारें और अपनी पसंदीदा लोकेशन को चुन कर फ़िल्मांकन कर लें।

मानवनिर्मित स्थलों का संपूर्ण स्वरूप कैसा हो, यह हम स्वतंत्रता से तय कर सकते हैं। फ़िल्म/टेलीविजन माध्यम में 'कला निर्देशन' का एक विभाग होता है। मान लो कि शूटिंग एक फ्लैट में होती है। फ्लैट का मालिक शूटिंग हेतु अपना फ्लैट किराए पर जो देता है तो पूरी तरह खाली...मानो दीवारें भर, उसमें रत्तीभर भी सामान नहीं होता।

लेखक, निर्देशक, कला निर्देशक आदि का जिम्मा

अब निर्देशक कला निर्देशक (Art director) को समझाएगा कि यह एक चित्रकार का मकान है या राजनीतिज्ञ का या स्मगलर का या किसी उद्योगपति का...इसे आप सजाइए। कला निर्देशक सबसे पहले पात्र की आर्थिक स्थिति, उसकी रुचि, उसका पेशा, उसकी सामाजिक प्रतिष्ठा आदि को ध्यान में रख कर पेंट चुनेगा और दीवारों को रंग देगा। फिर बाज़ार से (फ़िल्म जगत में हर चीज सप्लाई करने वाले होते हैं) किराए पर या ख़रीद कर विभिन्न चीजें प्राप्त करेगा...वह सब कुछ जो इस पात्र से संबंधित है। ड्रॉइंगरूम में ड्रॉइंगरूम की चीजें सजाएगा, किचन में किचन की, दफ़्तर में दफ़्तर की, आश्रम में आश्रम की, पुलिस थाने में पुलिस थाने संबंधी...इस तरह।

इसी सजे-सजाए मकान, दफ़्तर, आश्रम को जब हम परदे पर देखते हैं तो हमें लगता है कि यह तो पहले से मौजूद (सजा सजाया) स्थान ही है...वास्तव में केवल शूटिंग हेतु यह सजाया गया है। शूटिंग ख़त्म होते ही फिर सारी चीजें हटा ली जाएँगी और नंगे मकान को मालिक को सौंप दिया जाएगा।

भ्रम जो पैदा होता है वह सजावट के कारण। स्थूल सजावट, वातावरण, पात्र मानसिकता, वेशभूषा आदि हर चीज का गहराई से वर्णन करने/दिखाने के समय अपनाई गई सफ़ाईदार कला को ही फ़िल्मी भाषा में detailing कहते हैं।

डिटेलिंग हर दृश्य में, हर शॉट में होनी ही चाहिए। एक छोटे थिएटर में नाटक चल रहा था। इस थिएटर में दर्शक और मंच के बीच की दूरी बहुत नहीं थी, दर्शक मंच पर की हर चीज को साफ तौर पर देख सकता था...इसके बावजूद निर्देशक ने एक तुलसीनुमा दिखनेवाले पौधे के गमले को तुलसी बता कर मंच पर रखवा दिया। 'तुलसी' की पूजा भी करा दी, फेरे भी लगवा दिए।

इस प्रकार की बेईमानी, बनावट और अज्ञानता दर्शक पसंद नहीं करते। दृश्य-श्रव्य माध्यम में भी भ्रम पैदा करने की कोशिश की जाती है, लेकिन वह बाक़ायदा तकनीक के माध्यम से ताकि देखनेवालों को नकली चीज भी असली ही लगे। इसे इस माध्यम की भाषा में 'चीटिंग' (फँसाना) कहते हैं।

डिटेलिंग इस प्रकार हो कि पूरा माहौल और पात्र की मानसिकता अनुकूल नज़र आए। माहौल का निर्माण तो कला निर्देशक तथा फ़िल्म/धारावाहिक निर्देशक भी कर लेगा, लेकिन भाषा और लेखन, पात्र का मानसिकता संबंधी गहराई से वर्णन (detailing) करने का जिम्मा पटकथा-लेखक पर है।

संतुलन ज़रूरी

ऐसा करते समय उसे अनावश्यक वर्णन और आवश्यक वर्णन की सीमा को समझना होगा। इसलिए भी कि दृश्य का प्रत्यक्ष फ़िल्मांकन निर्देशक करता है। उसे हर बात

का ध्यान होता है, उसकी अपनी विवेकबुद्धि होती है। अतः दृश्य लिखते समय पात्रों के उस समय के मूड के बारे में लिखा जाए; साथ ही वह कुछ जो आपके दृष्टिकोण से अतिरिक्त जानकारी देगा और जो कलाकार तथा निर्देशक के लिए मददगार साबित होगी। पात्र की किस प्रकार हलचल होगी इससे भी पात्र तथा माहौल की मानसिकता को दर्शा सकते हैं।

किंतु डिटेलिंग करनी जरूरी है। कई पटकथा लेखक अनावश्यक वर्णन का सहारा लेते हैं, तो कोई आधी अधूरी बात कहते हैं। आधी अधूरी बात कहने से, निर्देशक की समझ में जैसा और जितना आएगा, वैसा वह शूट कर रख देगा।

यह जोड़ी का सवाल है। पटकथा लेखक और निर्देशक की जोड़ी में कभी दोनों भी अनुभवी और समान प्रतिभा के होते हैं, तो कभी पटकथा लेखक अनुभवी तो निर्देशक कच्चा...या पटकथा लेखक कच्चा तो निर्देशक अनुभवी।

पटकथा लेखक अनुभवी हो और पटकथा सशक्त रूप से लिख दे, तो इससे कम अनुभवी, अनुभवहीन निर्देशक को भी सहारा मिल जाता है। जबकि आधी-अधूरी पटकथा को प्रतिभाशाली निर्देशक भी सम्हाल लेता है। परिस्थिति जो भी हो, पटकथा लेखक को अपनी चीज पूरी तरह से तैयार कर के ही देनी चाहिए।

एक बात और...लिखी हुई पटकथा केवल निर्देशक के ही उपयोग के लिए नहीं होती। पटकथा की नकल कलाकारों, छायाचित्रकार, कला निर्देशक आदि विभिन्न तकनीशियनों/विभागों को भी दी जाती है। संबंधित हर व्यक्ति इसका अध्ययन कर अपने योगदान को समझ लेता है। अपने स्तर पर तैयार हो जाता है। आधी-अधूरी पटकथा की स्थिति में हर कोई निर्देशक की ओर मुँह ताकता बाट जोहता है, क्योंकि आखिरी सूचना, संकेत तो निर्देशक की ओर से ही आने हैं। इससे भ्रम की स्थिति पैदा होती है, हर बार शून्य से शुरू करना होता है। पैसा, ऊर्जा, समय की तो बर्बादी होती ही है, एक चीज को बनाने में कई लोग टाँग अड़ाने लगते हैं। कच्चे दिमाग का निर्देशक उनकी भी सलाह सुनता है, जिन्हें लेखन संबंधी ज्ञान अपर्याप्त होता है या नहीं भी होता।

सत्यजित राय जैसे सुलझे और ज्ञानी निर्देशक डिटेलिंग को बहुत महत्त्व दिया करते थे। जैसा कि कहा गया, शूटिंग से पहले वे रेखाचित्रों के माध्यम से दृश्यों का आकलन कर लेते। इनमें तथा उनके जेहन में डिटेलिंग की अवधारणा बनी रहती। अप्रत्यक्ष रूप से यह शूट किए जानेवाले दृश्य का कागजी संस्करण होता।

मिसाल के ज़रिए डिटेलिंग को समझना

इसी अध्याय में दो दृश्यों की मिसालें दी गईं...उन्हीं के मद्देनज़र डिटेलिंग को समझा जा सकता है—

दूसरे दृश्य में युवक शहर में प्रशिक्षण ले कई दिनों बाद अपने गाँव-कस्बे में आ रहा है। उसे पता नहीं कि घर पहुँचते-पहुँचते कैसे दृश्य का सामना करना पड़ेगा। वह जैसे ही पास आता है उसे माता-पिता भी दिखाई देते हैं और बहन भी। बहन और माता-पिता दोनों के साथ उसके अलग-अलग प्रकार के संबंध हैं। दोनों के साथ किया जानेवाला व्यवहार अलग-अलग है।

वह दुविधा में नहीं है, वह सोचने की प्रक्रिया में भी नहीं है कि पहले क्या करूँ...माता-पिता को प्रणाम करूँ या बहन से शोखी से पेश आऊँ! दोनों ही बातें स्वयंस्फूर्त होकर उसके मन में जन्म लेती हैं। यह तीनों पात्रों को इकट्ठा देखने के कारण हुआ है। यदि इस समय बहन उपस्थित न होती या केवल माता-पिता न होते तो उसे एक ही काम करना होता।

माता-पिता की उपस्थिति में केवल उनके पैर छूने का काम...केवल बहन की उपस्थिति में उससे नटखट रूप में पेश आने का काम। बड़ी दीदी को तो वह चिढ़ाने के बाद भी पैर छू कर प्रणाम कर सकता है; लेकिन माता-पिता को देखने के बाद सर्वप्रथम उसका कर्तव्य उनके पैर छूना है।

चूँकि तीनों पात्र इकट्ठे दिखाई देते हैं और वह दोनों काम समान इच्छा और प्रबलता से करना चाहता है, वह उसे इस तरीके से करता है...माँ को चुप रहने का इशारा करता है और अपना सर्वप्रथम कर्तव्य, माता-पिता को प्रणाम पूरा कर लेता है...और अनजान बहन की चोटी भी खींचता है, उससे शोखी से पेश आता है।

यदि हम दिखाते हैं कि युवक दुविधा में पड़ जाता है कि कैसे दोनों कामों को पूरा करूँ तो युवक का चरित्र कमजोर पड़ जाता है। क्योंकि उसका सर्वप्रथम कर्तव्य माता-पिता को प्रणाम करना ही है। यहाँ कोई विकल्प नहीं है। यदि उसका रुख ऐसा बनता है कि पहले शोखी को पूरा कर लिया जाए, उसके बाद माता-पिता को प्रणाम कर लें तो उसे लापरवाह, घमंडी या उद्धत माना जाता। माना जाता कि अपनी निजी इच्छाएँ उसके लिए कर्तव्य से अधिक महत्त्वपूर्ण हैं। यदि वह माता-पिता को ही प्रणाम कर लेता, दूसरा काम न करता तो उसकी इच्छा मारी जाती।

उक्त दृश्य जिस प्रकार पूर्ण विवरण के साथ लिखा गया है, उससे पटकथा लेखक की मंशा पूरी हो जाती है और निर्देशक भी दृश्य को सुलझे ढंग से फ़िल्मा सकता है। पूर्ण विवरण न लिखने की स्थिति में या तो निर्देशक को अपने दिमाग पर जोर देना पड़ता है या जैसा उसकी समझ में आ जाए, वैसा वह शूट कर लेता है। इससे पटकथा लेखक और निर्देशक की प्रतिभा पर आँच आती है। पात्र कमजोर पड़ता है। कहानी पर विपरीत असर पड़ता है। परंपराओं में विश्वास करनेवाले दर्शक की नाराज़गी उठानी पड़ती है। हाँ, पात्र अगर आज्ञाकारी नहीं है, तो दृश्य की डिटेलिंग अलग प्रकार से हो जाएगी।

पहले दृश्य की भी मिसाल देखें—

सुबोध नोटिस बोर्ड के पड़ोस से गुजरता है...चूँकि वह संयमी और आदर्शवादी

चरित्र का युवक है, उसमें नोटिस देखने संबंधी उतावलापन नज़र नहीं आ रहा; जब कि दीगर महत्त्वाकांक्षी छात्र-छात्राओं में यह उतावलापन दिखाई दे रहा है, जो कि लाज़िमी है। लेकिन सुबोध में दिखावा या बनावट भी नहीं है। संयमी और आदर्शवादी व्यक्ति में ये दोनों दुर्गुण नहीं हो सकते। अतः उसका नोटिस बोर्ड के पास से संयम दिखाते हुए गुज़र जाना एक सहज-स्वाभाविक हरकत को अंजाम देता है।

फ़िलहाल सुबोध की कोई प्रेमिका नहीं है। जो लड़की (सुषमा) वहाँ से गुजरती है, उसके मन में भी सुबोध के प्रति कोई भाव नहीं है। उसे तो पता भी नहीं कि कोई युवक उसके पड़ोस से गुजर जाएगा और उसके द्वारा कही गई बातों से वह प्रभावित होगी। अतः पहले से ही लड़की को वहाँ रोके रखकर उसे सुबोध और मित्र के बीच की बातचीत सुनता हुआ नहीं दिखाया गया। सब कुछ संयोगवश होता है...सुबोध और मित्र बातचीत कर रहे होते हैं, लड़की वहाँ से गुजर रही होती है, वह अचानक सुन लेती है...प्रभावित होती है...प्रेम का अंकुर जन्म लेता है।

इस प्रकार के प्रेम के लिए यह डिटेलिंग उपयुक्त है। यदि प्रेम का प्रकार बदल जाता है, पात्रों का चरित्र बदल जाता है, तो इस दृश्य का सटीक, गहराई से किया गया वर्णन भी बदल जाएगा।

इसी दृश्य में संवाद के ज़रिए भी सुबोध के चरित्र को स्थापित किया गया है। मित्र के छेड़ने पर कि उसके पिता की भी तो इच्छा है कि सुबोध विदेश में जा कर पैसा कमाए, सुबोध सादगी से उत्तर देता है कि उसकी इच्छा उसकी अपनी है, पिता की इच्छा पिता की।

आदर्शवादी व्यक्ति तो हमेशा दूसरों को सम्मान ही देगा। वह व्यक्ति स्वतंत्रता को भी महत्त्व देता है। हरेक व्यक्ति को सोचने-समझने का अधिकार है। यहाँ पिता की भी इच्छा का प्रदर्शन होता है और पुत्र की भी इच्छा का।

डिटेलिंग से दृश्य को अचूक बनाया जा सकता है। उसे यथार्थवादी और तर्कसंगत भी। ऐसे दृश्यों की व्याख्या करना आसान हो जाता है और उनसे अर्थ निकालना भी आसान। इस सच्चाई को समझना होगा कि कहानी तो पृष्ठभूमि में चलती रहती है। दर्शकों से जो रूबरू बातें करते हैं, वे दृश्य ही। दो क्रमवार दृश्यों में या विभिन्न दृश्यों में विसंगतियाँ हों तो दर्शक विचलित हो जाता है।

दृश्य सीखने-समझने के ही माध्यम नहीं होते, ये आनंद का भी स्रोत होते हैं। इनसे मनोरंजन होता है, विभिन्न बातों का ज्ञान प्राप्त होता है। दर्शकों को राहत देते हैं, वे उनकी मानसिकता की कसौटी होते हैं...कई मायनों में दृश्य मानदंड सदृश्य हैं।

अध्याय छह

संवाद लेखन

- जब तक फ़िल्में बोलती नहीं थीं, एक तरह से एकांगी थीं
- संवाद...ऐसा हो जिससे दृश्य का अधूरापन पूरा हो जाए
- दर्शक सुनना न चाहे, आप सुनाना चाहें तो संघर्ष की स्थिति पैदा होगी
- संवाद काल, क्षेत्र, मानसिकता आदि के अनुसार बँटे होते हैं
- आधारहीन संवाद ऐतिहासिक पात्र की बदनामी करते हैं। ऐसा करने का नैतिक अधिकार लेखक को नहीं है।
- आध्यात्मिक पात्रों के वचनों को समाज पत्थर की लकीर मानता है

दृश्य-श्रव्य माध्यम के लेखन का तीसरा हिस्सा है संवाद। जब तक फ़िल्में बोलती नहीं थीं, तब तक वे एक तरह से एकांगी थीं। जैसे ही सुनाने की कला उसके साथ जुड़ गई, यह कला पूर्ण हो गई। देखने लायक-सुनने लायक, दृश्य संबंधी-श्रव्य संबंधी... दृश्य-श्रव्य।

हम अपनों की आवाज सुनने के लिए तरसते हैं। जब सुनते हैं तो प्रसन्न हो जाते हैं। बस यही फ़र्क है बोलती फ़िल्में और चुप्पी साधती फ़िल्मों में। जब फ़िल्में बोलती नहीं थीं, तो भावों का प्रदर्शन परदे पर किया जाता। लेकिन उसमें अपनापन नहीं होता, बात पूरी नहीं कही जाती...देखो या पढ़ो इस दुविधा में दर्शक होता।

जब से पात्र बोलने लगे तो समग्र रूप में चीजें सामने आने लगीं, दृश्य का अधूरापन पूरा हो गया। जिन्हें देखना नहीं केवल सुनना है, उन्हें भी वांछित चीज मिल गई।

संवादों का स्वरूप

संवाद कैसा हो? वैसा ही जिससे दृश्य का अधूरापन पूरा हो। देखने और सुनने में संतुलन हो। सुनने के बाद लगे कि जो बात हमको समझनी चाहिए थी, वह हमारी समझ में आ गई।

कुछ खाद्य पदार्थ प्राकृतिक रूप से खारे होते हैं, कुछ प्राकृतिक रूप से मीठे। जो खारे होते हैं, क्या पकाते समय हम उनमें उतना ही नमक छोड़ते हैं, जितना उनमें, जो मूलतः खारे नहीं हैं?...नहीं।

हम नमक छोड़ते समय यह ख्याल रखते हैं कि खारेपन की हमारी एक आवश्यकता है, वह बनी रहे। अतः मूलतः खारे खाद्य पदार्थों में कम नमक डालते हैं, आम खाद्य पदार्थों में अपेक्षाकृत ज़्यादा नमक।

संवादों को लेकर भी यही सिद्धांत लागू होता है।

अपने आप में दृश्य ही काफी कुछ बोल रहा है, तो संवादों पर रोक लगाओ। दृश्य कम बोल रहा है और अधिक बोलने की जरूरत है तो शब्दों/संवादों की मात्रा बढ़ाओ।

दृश्य बोलने का अर्थ है, अपने आप में पूरे दृश्य का बोलना, पृष्ठभूमि, हलचल और क्रियाकलापों द्वारा बोलना, चेहरे और समग्र व्यक्तित्व के माध्यम से बोलना। इन सारी बातों को ध्यान में रखकर लेखक को संवाद लिखने होते हैं।

संवादों में नपातुलापन होना चाहिए। लंबे-लंबे संवाद दर्शकों को बेचैन करते हैं। लंबे संवाद भाषणबाजी की श्रेणी की ओर खिसकने लगते हैं। वैसे भी आदमी कम ही सुनना चाहता है। वह सुनना नहीं चाहता, फिर भी आप सुनाना चाहते हैं, तो संघर्ष की स्थिति पैदा होगी। इस संघर्ष के कारण वह आपकी कृति में दिलचस्पी गँवा देगा। कृतिकार के लिए दर्शक का ऐसा रुख जानलेवा साबित होता है।

सही मानदंड

संवाद लेखन का खरा मानदंड तो यही है कि संवाद हमेशा दिल की गहराई से निकले हों। देखने-सुननेवालों को लगे कि बात में सच्चाई है। संवाद के जरिए मार्के की बात कहनी चाहिए...ताकि दर्शक या श्रोता को कुछ नयी बात मिले और वह सोचने पर मजबूर हो।

यह करते समय ध्यान में रखा जाना चाहिए कि भाषा और बात पात्र के अनुकूल है। छोटे मुँह बड़ी बात या बड़े मुँह छोटी बात संवाद को बनावटी बना देते हैं।

पात्र की भाषा तय करते समय दो बातें ध्यान में रखनी होती हैं। एक तो यह कि वह पात्र स्वयं अपनी बात बोल रहा है। दूसरे यह कि पात्र के माध्यम से लेखक बोल रहा है।

ग़रीब, अशिक्षित पात्र गँवारू की तरह बात करेगा। लेकिन उसके पास मन भी होता है। मन से वह महसूस करता है किंतु अपनी बात कह नहीं पाता। यहाँ लेखक के योगदान की जरूरत है। पात्र के मन की बात, पात्र की भाषा में लेखक की ओर से कही जानी चाहिए।

गरीब पर लगातार अत्याचार हो रहे हों, फिर भी वह अत्याचार का विरोध नहीं करता। लेकिन उसके मन में विरोध की एक आग जरूर पनपती है। वह चाहता है कि यह अत्याचार बंद हो, पुलिस उसकी मदद करे, सरकार उसकी ओर ध्यान दे।

लेखक को इस तरह पंक्तियों के बीच लिखी भावना को उभारना आना चाहिए....ऐसा करते समय पात्र के चरित्रीकरण पर आँच नहीं आनी चाहिए।

संवाद का विभाजन

संवाद काल, क्षेत्र, मानसिकता आदि के अनुसर बँटे होते हैं। जिस काल में जिस भाषा-बोली का अस्तित्व ही न हो, वह कैसे बोली जाएगी भला?

काल से संबंधित भाषा का एक मायने यह भी है कि उस समय जीवन प्रणाली, संपूर्ण वातावरण जिस प्रकार का था, उसके अनुरूप भाषा। यह अध्ययन का विषय है।

ऐतिहासिक विषय के संवाद लिखते समय उन विचारों की प्रामाणिकता ज़रूर जाँची जानी चाहिए। जब किसी ऐतिहासिक पात्र की ज़बान में कोई संवाद डाले जाते हैं, तो इसका अर्थ है, उस ऐतिहासिक पात्र के ये विचार हैं। सच में ऐसा नहीं है तो उस पात्र की बदनामी होगी। ऐसा करने का नैतिक अधिकार लेखक को है भी नहीं।

पौराणिक पात्रों के प्रति दर्शकों में श्रद्धा के भाव होते हैं। ऐसे समय श्रद्धा और तर्कसंगतता दोनों के बीच संतुलन कायम होना चाहिए।

आध्यात्मिक दर्शन के साथ जब अंधविश्वास जुड़ जाता है, तो अनर्थ हो जाता है। आध्यात्मिक पात्रों के वचनों को समाज पत्थर की लकीर मानता है। राम भले ही परदे पर बोल रहे हों लेकिन आम दर्शक का यही विश्वास होता है कि साक्षात राम बोल रहे हैं। इस स्थिति में (पात्र) राम के मुँह से बुलवाए जानेवाले संवाद भ्रम पैदा करनेवाले हों तो समाज का भला नहीं हो पाएगा।

कुछ विषय ऐसे भी होते हैं, जिनका संबंध फैंटेसी या कल्पनावाद से होता है। इन फ़िल्मों के दर्शक भी अपेक्षा करते हैं कि बात उसी टोन में की जाए, जो टोन पूरी फ़िल्म का है। संवाद लेखक द्वारा उस टोन को बनाए रखना लाज़िमी है। ये संवाद लोकप्रिय भी होते हैं।

फ़िल्मों के कुछ कलाकार अलग छवि लिए होते हैं। ये किसी भी फ़िल्म में अदाकारी करें, दर्शक चाहते हैं कि उनके संवाद उनके अनुरूप शैली में ही हों। हिंदी की लोकप्रिय फ़िल्मों से मिसालें दी जाएँ तो वे होंगी—स्वर्गीय राजकुमार, अमिताभ बच्चन आदि।

कुछ संवाद आम जनजीवन में इतने लोकप्रिय हो जाते हैं कि मानों वे मुहावरों का रूप ले लेते हैं। ख़ास शैली के सशक्त संवाद ही इस हश्र को हासिल कर सकते हैं।

हास्य विषय अलग विषय है। हर लेखक हास्य-जनित, व्यंग्यात्मक ढंग से बात नहीं कर सकता। अतः आम तौर पर लेखक पुनरावृत्ति कर बैठते हैं। अर्से से चले आ रहे संवादों को ही दुहराते हैं। इससे तो बेहतर है सादगीपूर्ण भाषा अपनाई जाए।

बहरहाल, संवाद चुटीले हों तो उनका अपना मज़ा और प्रभाव है।

अध्याय सात

सिनेमा की पटकथा

- कल्पनावादी लेखन में भी संतुलन जरूरी
- हर क्षेत्र का मिजाज और आवश्यकताएँ अलग अलग
- फ़िल्म हिट हो गई तो आपकी शैली मानदंड बन गया, पिट गई तो आपकी शैली भुला दी गई
- 'जादू' ही महत्त्वपूर्ण है और पटकथाकार को इस जादू को भुनाने की कला पता होनी चाहिए
- पटरी पर से उतर जाने पर पटकथा को दुबारा पटरी पर लाना टेढ़ी खीर है

दृश्य-श्रव्य माध्यम का लेखन अलग-अलग प्रकार से होता है। फ़िल्म हेतु किया जानेवाला लेखन, टेलीविजन हेतु किए जानेवाले माध्यम के समान नहीं हो सकता। इसी तरह वृत्तचित्र तथा विज्ञापन फ़िल्मों का भी लेखन अलग-अलग होता है।

यह इसलिए कि हर क्षेत्र का रुझान और आवश्यकताएँ अलग-अलग होती हैं। सिनेमा जगत मिज़ाज के हिसाब से बाकी तीन क्षेत्रों से बिल्कुल अलग होता है।

सिनेमा जगत का बँटवारा

सिनेमा में भी बँटवारा हो चुका है। दो प्रकार से बँटे सिनेमा जगत को विभिन्न नामों से पुकारा गया। व्यवसायी, कला, सार्थक, लोकप्रिय आदि नामों से।

लोकप्रिय सिनेमा को व्यवसायी सिनेमा कहा गया जबकि गंभीर सिनेमा को कला फ़िल्में। लोकप्रिय शैली के फ़िल्मकारों को इस विभाजन पर आपत्ति है। उनकी दलील है कि क्या लोकप्रिय शैली के सिनेमा में कला नहीं होती? उसी तरह क्या कला फ़िल्मों को व्यवसाय करने की ज़रूरत नहीं होती? दोनों को दोनों बातों की आवश्यकता होती है।

बात सही है। बगैर कला के कोई सिनेमा नहीं हो सकता; बगैर व्यवसाय के फ़िल्म जगत जिंदा नहीं रह सकता। अतः इस प्रकार का बँटवारा अवैज्ञानिक है।

लेकिन बँटवारा होना भी जरूरी है। वैसे ही जैसे हम हर दो व्यक्ति को अलग-अलग नाम देते हैं। वरना उन्हें पहचानेंगे कैसे? ये विशेषण ही हैं जो दो तत्त्वों को अलग करते हैं...काला गोरे को अलग करता है, गोरा काले को अलग करता है।

सिनेमा जगत बहुत विशाल है। विश्व के समस्त सिनेमा जगत का अधिकांशतः झुकाव अलग है। इस कारण बँटवारा होना भी जरूरी है। इससे पता चलता है कि आप किस प्रकार के सिनेमा में विश्वास करते हैं, किसके साथ जुड़े रहना चाहते हैं।

रुझान, मिज़ाज और आवश्यकताओं पर आधारित इस विभाजन को इसलिए भी समझना होगा ताकि आपका सोच स्पष्ट हो और आप उसी दिशा में बढ़ें।

एक तरीका समन्वय का भी है। इस मामले में पुरानी हिंदी फ़िल्मों की मिसालें दी जा सकती हैं। ये फ़िल्में जीवन से जितनी जुड़ी होतीं, उतनी ही वे लोकप्रिय शैली को अपनाए हुए थीं। इस कारण समाज का कमोबेश हर तबका इन फ़िल्मों को देखता...उनसे मनोरंजन भी करता, कुछ सीख या संदेश भी प्राप्त करता।

कल्पनावादी शैली

लोकप्रिय शैली की फ़िल्मों की आवश्यकता ही कुछ हवाई है। जीवन जैसा भी हो, लेकिन उसे एक ख़ास अंदाज में पेश करना इस शैली की विशेषता है। यही बात पात्रों को लेकर भी है। इस लिहाज़ से इन फ़िल्मों का पूरा वातावरण जीवन की सच्चाइयों से परे होता है।

इस वातावरण में पात्रों की हलचल, क्रियाकलाप, कारनामे, सोच, कार्यशैली, वेशभूषा, साधन, सामग्री, भाषा, इनके ध्येय, इनकी जीत, सफलताएँ, पराक्रम, मान्यताएँ सब अलग होता है।

आप यह भी कह सकते हैं कि धरती पर जैसा जीवन होता है, उससे इस शैली के फ़िल्मकार सहमत नहीं हैं। वे वैसा जीवन चाहते हैं, जो उनकी फ़िल्मों में दिखाया जाता है। इसीलिए वे अपनी फ़िल्मों में उस प्रकार के जीवन की रचना करते भी हैं।

सिनेमा जगत में यह धारणा आम है कि जो इस प्रकार कि फ़िल्में लिख सकता है, वह उस प्रकार की फ़िल्में नहीं लिख सकता। शायद बात सही भी हो।

लोकप्रिय शैली अगर जीवन से सौ फ़ीसदी जुड़ी नहीं है, तो यह कहना भी मुश्किल है कि इस प्रकार की फ़िल्मों की पटकथा कैसी लिखी जाए।

यह पूरी तरह कल्पनावाद का विषय है। कल्पना की उड़ानें कैसी हों, उस पर कोई नियम लागू नहीं होता। अतः कल्पनावादी लेखन पर भी कोई नियम-सिद्धांत लागू नहीं होता, यह कहना एक तरह से मुनासिब होगा।

आपने अपने ढंग से लिखा, उस ढंग से फ़िल्म भी बन गई। वह हिट हो गई तो आपकी शैली मानदंड बन गया; वह पिट गई तो आपकी शैली भुला दी गई। बस, यही एक मोटा नियम बन सकता है।

बहरहाल, पटकथाकार इस प्रकार की फ़िल्मों और उनकी शैली, उनके बनने-बनाने का तरीका, सोच आदि का अध्ययन कर समझ सकता है कि इस प्रकार के लेखन का आधार क्यां होता है।

यह भी देखा गया है कि इस प्रकार के अतिरेक, कल्पनावाद का भी एक तक़ाज़ा है। इस तक़ाज़े का माने है सीमाएँ और संतुलन। अगर इन सीमाओं और संतुलन को लाँघा जाता है, तब भी दर्शक पसंद नहीं करते। आसान शब्दों में कहा जा सकता है कि कल्पनावाद, अतिरेक किंतु सीमा में रहकर, संतुलन बनाए रख कर।

लोकप्रिय शैली के पीछे के कारणों को इस सच्चाई से भी जोड़ा जा सकता है कि इस धरती पर का अधिकांश जीवन सुखद नहीं, दबा-कुचला है। दबा-कुचला, अभाव-ग्रस्त समाज अपने ढंग से जीना चाहता है।

यदि पटकथाकार इस मन को समझ ले तो वह अपनी लेखनी से वैसा जग पैदा करेगा, जैसा इन दबों कुचलों को चाहिए। इसमें प्यार भी हो, हिंसा भी हो लेकिन जादुई तरीके से बुराइयाँ नष्ट हों और अच्छाइयों की जीत हो। यह 'जादू' ही महत्त्वपूर्ण है और पटकथाकार को इस जादू को भुनाने-बिखेरने की कला मालूम होनी चाहिए।

यथार्थवादी शैली

जहाँ तक यथार्थवादी सिनेमा का सवाल है, पटकथाकार को ध्यान में रखना होगा कि कला का काम आभास पैदा करना होता है, जस का तस जीवन पेश करना नहीं।

ख़ास तौर पर सिनेमा माध्यम में आभास पैदा करने को बहुत महत्त्व है। क्योंकि सिनेमा कथात्मक कृतियों का माध्यम है। वरना वृत्तचित्र या टीवी के समाचार रिपोर्टिंग में भी जीवन को जस का तस पेश कर दिया जाता है। कथात्मकता को हम जितनी गंभीरता और जिज्ञासा से लेते हैं, उतनी गंभीरता-जिज्ञासा से जीवन के कोरे यथार्थों को नहीं। आभास का प्रभाव शायद ज़्यादा पड़ता हो...कथात्मकता से शायद हमें सीख-संदेश-प्रोत्साहन-प्रेरणा-हल...साथ ही राहत और मनोरंजन भी मिलता हो।

जिस प्रकार कल्पनावादी फ़िल्में संतुलन की आवश्यकता महसूस करती हैं, उसी प्रकार जीवन से जुड़ी फ़िल्में भी संतुलन की आवश्यकता महसूस करती हैं।

कई बार घोर कल्पनावादी पटकथाकारों की तरह घोर यथार्थवादी पटकथाकार भी अतिरेक करते हैं...गाड़ी चल रही है तो चल ही रही है।

यथार्थवादी फ़िल्मों को भी रोचक शैली में पेश करने की ज़रूरत होती है। इस तरीके से दर्शकवर्ग का दायरा बढ़ता है।

दर्शकों का ध्यान रखें

समाज का हर तबका जब समान रूप से शिक्षित नहीं होता, तो लेखक पर ज़्यादा जिम्मेदारी होती है। पटकथाकार को समन्वय साधना पड़ता है। वरना फ़िल्म का दर्शक वर्ग तेजी से घटता है।

चूँकि सिनेमा माध्यम कई कलाओं का संगम है, दृश्यों का माध्यम है; अतः यहाँ रोचकता लाना मुश्किल नहीं है। गंभीर रहते हुए भी पटकथाकार सही सम्प्रेषणीयता अपना सकता है, शैली को सुलझा सकता है।

सिनेमा माध्यम में भाषा, देश तथा अंतरराष्ट्रीय स्तर पर आंदोलन चलते रहते हैं। प्रचलित भाषा में जिसे ट्रेंड कहते हैं, वह आंदोलन से नीचे की सीढ़ी है।

आंदोलन और ट्रेंड को इकट्ठे मिलाकर नहीं देखा जा सकता। लेकिन लेखक को इन दोनों का हिस्सा बनना पड़ता है। बहरहाल, पटकथाकार को हमेशा यह ध्यान में रखना पड़ता है कि सिनेमा जगत में जो कुछ भी होता है, दर्शक वर्ग को नज़र में रखकर ही।

पटकथाकार को दर्शकों का ध्यान तो वैसे भी रखना ही पड़ता है। अतः सिनेमा की पटकथा लिखते समय स्थायी तौर पर उसे सुलझी शैली, रोचकता, दर्शकों के दिलों तक पहुँचने की आत्मीय कला अपनानी पड़ती है।

एकमुश्त पटकथा

सिनेमा की पटकथा एकमुश्त होती है...यानी वह टूटती नहीं। उसकी शुरुआत, मध्य और अंत निश्चित होता है। सारी कथा ड़ेढ दो घंटे में ही समाप्त हो जाती है। इस कारण पटकथा बिगड़ भी जाए तो कोई बात नहीं, बाद में सुधार लेंगे, जैसा सोच लाभकारी सिद्ध नहीं होता। कई फ़िल्मों की पटकथा फ़िल्म की एक लंबाई तक तो एक दिशा में चलती है, फिर रास्ता बदल लेती है। ऐसी फ़िल्मों की कई मिसालें हैं। पटरी पर से उतर जाने पर पटकथा/कहानी को दुबारा पटरी पर लाना टेढ़ी खीर है। अतः पटकथाकार को सधेसदाए ढंग से, चुस्त और ठोस पटकथा को लेकर ही शुरुआत करनी पड़ती है और आगे बढ़ना पड़ता है।

अध्याय आठ

टेलीविजन की पटकथा

- धारावाहिक लेखन एक लंबी प्रक्रिया
- दर्शकों पर पकड़ बनाए रखना धारावाहिक पटकथाकार के हाथ में है
- अधिक विज्ञापनों के कारण कहानी की प्राधान्य स्थिति पर असर पड़ता है
- टेलीविजन माध्यम में सिनेमा और टेलीविजन दोनों का समावेश होता है
- हर भाषा में क्लासिक टेलीविजन कृतियाँ मौजूद हैं

टेलीविजन को Talking Heads and Pumping posteriors कहा जाता है। इसी जुमले से इसके स्वरूप का पता चलता है।

फ़िल्म हेतु लिखी जानेवाली पटकथा की अपेक्षा टेलीविजन माध्यम के लिए लिखी जानेवाली पटकथा में विभिन्नता होती है। टेलीविजन के लिए अलग प्रकार का लेखन होता है—धारावाहिक के रूप में, वर्णनात्मक, कमेंटरी, संचालन (anchoring) हेतु लिखा जानेवाला लेखन आदि।

दरअसल टेलीविजन माध्यम जादूगर के झोले की तरह है। उस झोले में कुछ भी ठूँसो, उसमें से कुछ भी निकालो।

टेलीविजन दृश्य-श्रव्य माध्यम का ऐसा अंग है जिसमें दृश्य-श्रव्य से संबंधित किसी भी प्रकार की कृति ग्राह्य है।

सिनेमा, वृत्तचित्र, विज्ञापन विधाएँ ऐसा नहीं करतीं। वे उसी लेखन को मान्यता देती हैं, जो उनके साँचे में ढला हो। टेलीविजन ने इसीलिए अपना कहर भी बरपाया है। उसका दुरुपयोग भी होता है।

टेलीविजन में कथात्मक (fictional) तथा वर्णनात्मक (descriptive) दोनों प्रकार का लेखन अहम माना जाता है।

कई कार्यक्रम ऐसे होते हैं, जिनका शब्दों के ज़रिए वर्णन करना ज़रूरी होता है। ऐसे वर्णनात्मक कार्यक्रम टीवी माध्यम के लिए कई लिखे जाते हैं। इनका लेखन

अपेक्षाकृत गंभीर होता है। इस पर भी भाषा और शैली निर्भर करती है कि लेखन किस प्रकार के (वर्णनात्मक) कार्यक्रम के लिए किया जाना है।

धारावाहिक लेखन एक लंबी प्रक्रिया

टेलीविजन के धारावाहिक एक लंबी चलनेवाली प्रक्रिया है। अतः ज़रूरी हो जाता है कि आप अपनी दिशा का ख़याल रख रहे हैं; ताकि रास्ता बदलने की आवश्यकता न पड़े। वरना सौ-दो सौ एपिसोड लिखने के बाद आप भटक गए तो आपके लिए शुरुआत का सूत्र पकड़ना असंभव हो जाएगा।

यह बेहतर होगा कि पूरी कहानी के एपिसोडों का जायज़ा आप पहले से ले लें और तदनुसार एपिसोडों का बँटवारा करें। मान लिया जाए कि कोई कहानी आपको 250 एपिसोड में बनानी है। अतः कहानी के पड़ाव एपिसोड की संख्या के अनुसार तय कर लीजिए।

यही कहानी 300 या 350 एपिसोडों में बनाई जानी है, तो निश्चित रूप से कहानी के पड़ाव, उनका अंतराल बदल जाएगा।

जब आप इस प्रकार की योजना नहीं आँकते तो निश्चित है कि कहानी का स्तर बँट जाएगा। कहीं वह अनावश्यक रूप में लंबी हो जाएगी कही छोटी, पतली, कहीं मोटी। यह उसी तरह है कि कितने सूत में आपको कितना लंबा धागा तैयार करना है। भले ही सूत की मात्रा कम ज़्यादा और धागे की लंबाई भी कम ज़्यादा हो, लेकिन अनुपात तय हो जाता है। और एक ही तरीके का धागा आपको मिलता है।

इस क़िताब में पहले भी कहीं लिखा गया है कि कई बार धारावाहिक बनाने वाले लालच में पड़ जाते हैं और तय एपिसोड से अधिक एपिसोडों में वह कहानी दिखाने की कोशिश करते हैं।

धारावाहिक के पटकथाकार को एक राहत ज़रूर मिलती है। चूँकि धारावाहिक निश्चित समय सीमा में बाँधे नहीं जाते (यानी फ़िल्म की तरह कहानी डेढ़-दो घंटे में ही समाप्त करनी पड़ती है, ऐसा नहीं है), पटकथाकार को कहानी स्वतंत्रता से बुनने का अवसर मिल जाता है।

कोई एक प्रसंग या बात महत्त्वपूर्ण होने के बावजूद समय सीमा के कारण फ़िल्म में संक्षिप्त रूप में कही जाती है। लेकिन वही बात टेलीविजन में आवश्यक और आनुपातिक लंबाई में कही जा सकती है। इस हेतु एक से अधिक दृश्य इस्तेमाल हो सकते हैं। यहाँ तक कि पूरा एपिसोड भी उस प्रसंग हेतु समर्पित किया जा सकता है।

फ़िल्म की पटकथा लिखते समझ दर्शकों का ध्यान रखा जाता है, टेलीविजन धारावाहिक अपनी स्वतंत्र बुद्धि से लिखे जा सकते हैं।

लिखते समय गंभीर रुख अपनाया जा सकता है। टेलीविजन दर्शकों को वैसे भी राहत मिलती है। एकाध एपिसोड या धारावाहिक का कोई पक्ष असरदार न लगे,

फिर भी दर्शक उस धारावहिक को देखना जारी रख सकता है। एकाध प्रसंग, एकाध एपिसोड, एकाध बदलाव–मोड़ के बाद दर्शक फिर वह धारावाहिक देखना शुरू कर सकता है।

दर्शकों पर पकड़ बनाए रखना पटकथाकार के हाथ में है। जैसे ही उसे महसूस होता है या उसे उसके धारावाहिक (तथा एपिसोड) को लेकर उसे राय मिलने लगती है, वह फौरन अपनी ग़लतियाँ सुधार सकता है। च्याहे तो न समझ आनेवाले या कहानी के भीतर के ही सूत्र ले वह कहानी को नया बदलाव, नयी दिशा दे सकता है।

एपिसोड की लंबाई

हमारे देश में एपिसोड की लंबाई दो अवधि की होती है। आधा घंटा तथा एक घंटा अवधि की।

यह अवधि कुल एपिसोड की अवधि होती है। इसमें पटकथा लेखन के साथ-साथ विज्ञापन तथा टाइटल आदि समाहित होते हैं। मोटे तौर पर कह सकते हैं कि आधा घंटा अवधि के एपिसोड हेतु आपको लगभग तेईस मिनट लंबाई की ही पटकथा लिखनी पड़ती है। एक घंटे अवधि के एपिसोड हेतु अधिक से अधिक पचास मिनट लंबी पटकथा।

आजकल विज्ञापनों का ज़माना है। अतः इस पर भी लेखन की लंबाई निर्भर करती है कि एपिसोड/धारावाहिक में कितने विज्ञापन दिखाए जाने हैं। लोकप्रिय धारावाहिकों में विज्ञापनों की तादाद बढ़ जाती है। हर विज्ञापनदाता अपने आपको लोकप्रिय धारावाहिकों/टीवी कार्यक्रमों से जोड़ना चाहता है। लेकिन इससे संतुलन बिगड़ता है। कहानी गौण हो जाती है, विज्ञापन प्राधान्यता हासिल कर लेते हैं। इससे कहानी की गंभीरता पर भी असर पड़ता है।

एपिसोड की लंबाई आधा घंटा हो या एक घंटा यह विषय पर भी निर्भर करता है। नियमतया ऐतिहासिक, पौराणिक, धार्मिक (या कुछ उपन्यासों पर आधारित) विषयों के धारावाहिकों के एपिसोड एक घंटा अवधि के होते हैं। निरंतर चलनेवाले सामाजिक धारावाहिक आधा घंटावाले एपिसोडों के होते हैं। ऐतिहासिक, पौराणिक कहानी धैर्य और विस्तार से कही जाती है; अतः उसके लिए एकमुश्त लंबा समय चाहिए होता है। सामाजिक धारावाहिकों के लिए अपेक्षाकृत कम लंबाई।

लेखन को लेकर भ्रम

यह सोच ग़लत है कि धारावाहिक का पटकथाकार फ़िल्म हेतु भी अच्छी पटकथाएँ लिख सकता है। उसी तरह सिनेमा माध्यम का सफल लेखक धारावाहिक भी उतनी ही कुशलता से लिख सकता है।

ये दोनों विधाएँ अलग हैं। अतः स्वाभाविक है कि यहाँ भी पटकथाकारों का बँटवारा हो। हाँ, कुछ लेखक जरूर हैं, जो दोनों ओर समान अधिकार से लेखन कार्य कर सकते हैं।

भले ही फ़िल्में दर्शकों को ध्यान में रख कर बनती हों, लेकिन टेलीविजन के लेखक की नकेल दर्शकों के हाथ में होती है। अतः टेलीविजन के लेखक को दर्शकों की इस शक्ति का ध्यान रखना चाहिए कि कहीं वह रिमोट का इस्तेमाल न करे।

टेलीविजन क्षेत्र में केवल ट्रेंड बदलते हैं, आंदोलन नहीं चलते। भारतीय टेलीविजन क्षेत्र का इतिहास देखने पर यह बात साबित हो जाएगी कि टेलीविजन क्षेत्र की आवश्यकताएँ, स्वरूप, परंपराएँ बदली हैं।

सिनेमा माध्यम में केवल सिनेमा माध्यम समाहित होता है। इसके विपरीत टेलीविजन माध्यम में सिनेमा और टेलीजिवन दोनो का समावेश होता है। अनुपात का ही प्रश्न है। यह टीवी माध्यम से जुड़े कर्मियों को तय करना होता है कि टेलीविजन पर सिनेमा का कितना प्रभाव ग्रहण करें और टेलीविजन माध्यम को कितना शुद्ध रहने दें।

इस मामले में टेलीविजन का लेखक बड़ा योगदान दे सकता है। यदि वह चाहे कि टेलीविजन माध्यम शुद्ध बना रहे तो उसे ऐसी कहानियाँ-पटकथाएँ लिखनी होंगी, जो समाज को टीवी की ओर आकर्षित कर सके और टीवी में उनकी रुचि बनी रहे। यह तब और संभव है जब स्वयं लेखक टेलीविजन माध्यम की शक्ति को स्वीकारे, समझे।

सिनेमा क्षेत्र की कुछ कृतियाँ क्लासिक फ़िल्में कहलाती हैं। ये सालों साल मिसाल के रूप में रेखांकित की जाती हैं। टेलीविजन क्षेत्र में भी ऐसी कृतियाँ अवश्य हैं। इनकी संख्या कम ज़्यादा हो सकती है। हर भाषा में क्लासिक टेलीविजन कृतियाँ मौजूद हैं। इनकी लोकप्रियता का अंदाजा इसी से लगाया जा सकता है कि एक भाषा की कृति कई भाषाओं में डब की जाती है।

टेलीविजन का लेखन बगैर प्रतिभाशाली लेखक के हो नहीं सकता। इस माध्यम में लेखन के महत्त्व को अपेक्षाकृत अधिक स्वीकृति मिली है।

अध्याय नौ

वृत्तचित्र एक सशक्त माध्यम है

- वृत्तचित्र जगत में जो क्रांति हुई है, वह अविश्वसनीय है
- वृत्तचित्र/लघुफ़िल्मों के विषय तो अलग-अलग होते ही हैं, इनमें विश्लेषणात्मक रुख भी अपनाया जाता है
- एनिमेशन फ़िल्म निर्माण में एक गति है। यह गति एनिमेशन फ़िल्म के सुनहरे भविष्य को दिखाती है
- इस माध्यम को हर देश में दो अड़चनों का सामना करना पड़ता है—धन तथा प्रदर्शन का

अगले तीन अध्यायों में वृत्तचित्र (documentary), लघुफ़िल्मों (short films) तथा एनिमेशन फ़िल्मों की पटकथा को लेकर चर्चा की गई है। लेकिन पहले यह समझना होगा कि वृत्तचित्र, लघुफ़िल्में, एनिमेशन फ़िल्में हैं क्या?

इन तीनों का विश्व बहुत जाना पहचाना नहीं है, इसलिए कुछ भ्रम भी हैं।

वृत्तचित्रों के बारे में आम धारणा यही है कि ये घिसेपिटे विषयों पर, घिसेपिटे तरीके से बनाए जाते हैं। इनकी शैली उबाऊ होती है। इन्हें अपनी मर्जी से कोई नहीं देखना चाहेगा।

वृत्तचित्र जगत में क्रांति हुई है

सच्चाई यह नहीं है। पिछले कुछ सालों में हमारे तथा विभिन्न देशों में जिस स्तर के वृत्तचित्र तथा लघुफ़िल्में बनी हैं, उन्हें देख दाँतों तले उँगली दबाने की इच्छा होती है। इस क्षेत्र में बहुत क्रांति हुई है। इस कारण नित नई लघुफ़िल्में, एनिमेशन फ़िल्में तथा वृत्तचित्र देखने की चाह मन में पैदा होती है।

हमारे देश में वृत्तचित्र, लघुफ़िल्में तथा एनिमेशन फ़िल्मों के निर्माण में भारत सरकार के फ़िल्म प्रभाग (Films Division) का बहुत बड़ा योगदान है। इस प्रभाग

का काम ही है निरंतर इस श्रेणी की फ़िल्में बनाना। इस हेतु प्रभाग के पास स्टाफ, कलाकार, उपकरण, स्टूडियो आदि की सारी सुविधाएँ मुहैया हैं।

प्रभाग द्वारा बनाई गई फ़िल्में विभिन्न विषयों पर आधारित हैं। प्रभाग स्वयं भी फ़िल्में बनाता है तथा बाहरी निर्देशकों को फ़िल्म निर्माण हेतु पैसों की सहायता भी करता है।

प्रभाग वर्ष 1990 से हर दो साल में एक बार मुंबई फ़िल्मोत्सव आयोजित करता है। इसे 'मुंबई अंतर्राष्ट्रीय वृत्तचित्र, लघु तथा एनिमेशन फ़िल्म महोत्सव' कहते हैं।

इस महोत्सव में हर बार सैकड़ों फ़िल्में दिखाई जाती हैं। ये दुनिया के कोने-कोने से आई फ़िल्में होती हैं। कोई एक हफ़्ते तक फ़िल्म महोत्सव चलता है।

भारत में निजी निर्माता-निर्देशक भी वृत्तचित्र बनाते हैं; लेकिन इनकी संख्या बहुत कम है। निजी निर्माताओं में ट्रस्ट, उद्योग घराने, सरकारी विभाग, निगम, विश्वविद्यालय, स्वयं निर्माता-निर्देशक आदि का समावेश होता है।

निजी निर्माताओं की अपनी सीमा है और वे उन्हीं विषयों पर वृत्तचित्र बनाते हैं, जिनका संबंध स्वयं की रुचि और रोजगार से होता है। वे अपवाद स्वरूप ही बाहरी विषयों पर वृत्तचित्र बनाते हैं।

अंतर्राष्ट्रीय परिदृश्य

इस क्षेत्र में अंतर्राष्ट्रीय स्तर पर बहुत काम हो रहा है। लगभग सभी विकसित देशों में वृत्तचित्र, लघु तथा एनिमेशन फ़िल्में बन रही हैं। वहाँ इस दिशा में तरह-तरह के प्रयोग हो रहे हैं। विदेशों में तीन-साढ़े तीन घंटे अवधि की भी 'लघु फ़िल्में' बनती हैं।

इनमें विषय संबंधी विविधता तो होती ही है, विश्लेषणात्मक रुख भी अपनाया जाता है। इनके भीतर की गहरी विवरणात्मकता देखते ही बनती है। हमारे यहाँ स्थूल विषयों पर वृत्तचित्र बनते हैं, लेकिन विदेशों में सूक्ष्म विषयों पर सूक्ष्म शैली अपना कर भी फ़िल्में बनती हैं।

वृत्तचित्र, लघुफ़िल्में, एनिमेशन फ़िल्में बनाते समय वीडियो तकनीक को भी महत्त्व दिया जाने लगा है। इसकी वजह है लागत। वीडियो फ़िल्में 16 तथा 35 एम.एम. फ़िल्म माध्यम में बनी फ़िल्मों की स्तरीयता की बराबरी निश्चय ही नहीं कर पातीं, लेकिन कम लागत के कारण इस तकनीक को अपनाया जा रहा है। लागत ही तो लघु फ़िल्म क्षेत्र की बड़ी और मूल समस्या है।

एनिमेशन फ़िल्मों के क्षेत्र में भी विदेशों में काफी और स्तरीय काम हो रहा है। कैनडाई, ईरानी, रूसी, क्रोशियाई एनिमेशन फ़िल्में आपको प्रभावित करती हैं। कैनडा का 'राष्ट्रीय फ़िल्म बोर्ड ऑफ कैनडा' जगत्प्रसिद्ध एनिमेशन फ़िल्म संस्थान है। जॉन हलास, जेर्झी कुसिया, पॉल बुश, आप्रवासी भारतीय ईशु पटेल तथा भारतीय

नाम राममोहन, भीमसेन आदि हस्तियाँ एनिमेशन फ़िल्म निर्माण क्षेत्र में जाने माने हस्ताक्षर हैं। एमिनेशन फ़िल्म निर्माण में एक गति भी है। यह गति एनिमेशन फ़िल्म के सुनहरे भविष्य को दिखाती है।

वृत्तचित्र, लघुफ़िल्मों को महत्त्व क्यों मिले

आधुनिक समाज विभिन्न समस्याओं से घिरा है। इन समस्याओं को शब्द और आवाज देने के लिए कोई सशक्त माध्यम है तो वह वृत्तचित्र/लघुफ़िल्मों का माध्यम।

अख़बार तथा पत्र-पत्रिकाओं से अधिक विश्वसनीय माध्यम वृत्तचित्र का है। पत्र-पत्रिकाओं में 'विश्वसनीय सूत्रों से' लिखकर बात बना ली जाती है, लेकिन दृश्य-श्रव्य जगत में तो कैमरे के ज़रिए वस्तुस्थिति का पता चल जाता है। सच्चाई के साथ छेड़छाड़ न की जाए और वृत्तचित्र बनाते तथा उसके संकलन के समय वैचारिक पूर्वाग्रह न रखा जाए तो वृत्तचित्र माध्यम की विश्वसनीयता सौ फीसदी मानी जाएगी।

वृत्तचित्र/लघुचित्रों का माध्यम मानवोपयोगी माध्यम है। इस माध्यम के ज़रिए मनमानी नहीं की जा सकती। यह केवल समस्याएँ उभारने का ही साधन नहीं, जीवन की विविधताएँ दिखाने का भी अचूक साधन है।

क़िताब पढ़ने के लिए आदमी को पढ़ा-लिखा होना चाहिए। वृत्तचित्र इस ख़ामी को भी दूर कर देता है। अनपढ़ व्यक्ति आनंद लेते हुए परदा-माध्यम से कुछ पा सकता है। डिसकवरी, नेशनल जिऑग्राफिक, एनिमल प्लेनेट जैसे चैनल इस बात की मिसालें हैं।

इन चैनलों पर दिखाई जा रही फ़िल्में कलाक्षेत्र के बेमिसाल उदाहरण हैं। जिस भव्यता, धैर्य, बारीकी और सच्चाई से ये वृत्तचित्र/लघुफ़िल्में फ़िल्मायी जाती हैं, वे प्रयास इस माध्यम की ऊँचाइयों को सिद्ध करते हैं। इन फ़िल्मों को देखकर लगता है कि सारा विश्व जैसे सिमट गया है और आपके लिए बड़ी आसानी से उपलब्ध है।

इस माध्यम की अड़चनें

इतना सशक्त और बहुआयामी होने के बावजूद यह माध्यम दो बड़ी परेशानियों का सामना कर रहा है। विश्वस्तर पर ये समस्याएँ मौजूद हैं। इस मामले में गरीब, अमीर सारे देश लगभग समान हैं।

पहली समस्या धन की है। वृत्तचित्र/लघुफ़िल्मों को बनाने हेतु धन मुहैया नहीं होता, आसानी से तो बिल्कुल ही नहीं। सरकारें और समाज दोनों इसके लिए जिम्मेदार हैं।

इस माध्यम की अर्थव्यवस्था एकतरफा है...यानी पैसा लगाते रहो, लेकिन वापिस पाने की आशा मत करो। शायद यही कारण है कि निजी पार्टी वृत्तचित्र/लघुफ़िल्म बनाने में पैसा नहीं लगाना चाहती।

दूसरी समस्या फ़िल्मों के वितरण तथा प्रदर्शन को लेकर है। फ़िल्म बन भी जाए लेकिन उसे दिखाएँ कहाँ-किसे? जहाँ तक हमारे देश का सवाल है, सरकारी फ़िल्म प्रभाग द्वारा बनाई गयी फ़िल्मों के लिए सिनेमा थिएटर या कोई सरकारी चैनल उपलब्ध भी हो जाएँ, लेकिन निजी निर्माताओं की कृतियों को कौन दिखाए? कृति बिकी नहीं तो लागत वापस नहीं आएगी।

टीवी चैनलों का रुख भी इस माध्यम के अनुकूल नहीं है। यह समस्या हर देश की है। एक तरफ विविधतापूर्ण और उच्चकोटि के वृत्तचित्र/लघुफ़िल्में बन रही हैं, दूसरी ओर उन्हें देखनेवाला कोई नहीं।

अलग-अलग देशों में समय-समय पर जो 'वृत्तचित्र/लघुफ़िल्में महोत्सव' होते रहते हैं, वहीं अपनी कृतियाँ दिखाकर निर्माताओं को संतुष्ट होना पड़ता है। इन फ़िल्म महोत्सवों के माध्यम से ही पता चलता है कि इस क्षेत्र में किस प्रकार क्रांति हो रही है।

अध्याय दस

वृत्तचित्र की पटकथा

- लेखकों के लिए यह विधा बगैर किसी दबाव की है
- शोधकार्य वृत्तचित्र विधा की मौलिक आवश्यकता
- निष्पक्षता अपनाए बिना वृत्तचित्र बनाना अनैतिक
- वृत्तचित्र-कर्मी को व्याख्या करने का मूलभूत अधिकार नहीं होता
- वृत्तचित्र के विषय अनगिनत
- वृत्तचित्र का निर्देशक और पटकथाकार एक ही हो तो सोने में सुहागा

वृत्तचित्र, लघुफ़िल्में तथा एनिमेशन फ़िल्में (चित्रकथा)—इन तीनों का इकट्ठा माध्यम पूरी तरह यथार्थवाद पर टिका हुआ है। इन्हें बनाने की शैली ही ऐसी है कि यहाँ बनावट और काल्पनिक हथकंडों का सहारा नहीं लिया जा सकता।

कह सकते हैं कि प्रिंट मीडिया में जो स्थान अख़बारों और सामाजिक-राजनीतिक पत्र-पत्रिकाओं का है, दृश्य-श्रव्य माध्यम में वही जिम्मेदारी वृत्तचित्र तथा लघुफ़िल्में पूरी कर रही हैं।

इसी दृष्टिकोण से लेखकों के लिए यह विधा बगैर किसी दबाव की है। जो दिख रहा है, जो जैसा है उसे उसी स्थिति में दिखा दो।

सिनेमा तथा धारावाहिक हेतु आपको विषय के इर्दगिर्द एक कहानी बुननी पड़ती है। यह एक जोखिम का काम है। वृत्तचित्र का लेखक इस जोखिम से बरी हो जाता है।

शोधकार्य ज़रूरी

वृत्तचित्र विधा की एक बुनियादी शर्त है। बगैर शोधकार्य के आप वृत्तचित्र की पटकथा नहीं लिख सकते। शोधकार्य स्वयं पटकथा लेखक ही कर सकता है या पहले किए गए शोधकार्य को आधार बना पटकथा लेखक पटकथा लिखता है। दोनों तरीकों में बहुत बड़ा अंतर नहीं है।

शोधकार्य का आधार लिखित दस्तावेज, क़िताबें, शोधपर्चे, विभिन्न तरीकों से उपलब्ध आँकड़ेवारी, संबंधित लोगों से बात कर प्राप्त जानकारी, साक्षात क्षेत्र-इलाके में जा इकट्ठी की गई सूचनाएँ, पुरातात्विक सामग्री आदि होता है।

वृत्तचित्र की पटकथा लिखनेवाले स्वयं शोधकार्य करें तो उन्हें पटकथा लेखन हेतु अपेक्षाकृत व्यापक आधार मिल जाता है। चूँकि वे स्वयं शोधकार्य का एक हिस्सा रहे हैं, उन्हें विषय से संबंधित बारीकियों-विशेषताओं का पता होता है। जिनके साक्षात्कार लिए गए, उनके मूड्स का पता होता है।

शोधकार्य करते समय ही जान जाते हैं कि वे किस प्रकार पटकथा लिख पाएँगे। अतः उन्हें कोई अतिरिक्त जानकारी चाहिए होती है, तो वे उसी समय, शोधकार्य के दौरान आसानी से प्राप्त कर सकते हैं। ऐसे लेखकों को शोधकार्य करते समय यह भी पता चल जाता है कि वे जिस प्रकार अध्ययन कर रहे हैं, उसे आधार बना वे कितनी लंबी बोधपूर्ण और सशक्त पटकथा लिख सकते हैं। ऐसा करते समय जहाँ भी उन्हें पटकथा की लंबाई या उसका कोई पहलू घटाने-बढ़ाने की इच्छा होती है उस दिशा में बढ़ जाते हैं।

वृत्तचित्र विधा के वे पटकथा लेखक जिन्हें लिखित शोधकार्य पहले से प्राप्त हो जाता है उनकी सीमाएँ बँध जाती हैं। हाँ, उनकी अपेक्षा से अधिक सामग्री उन्हें मिल जाए तो वे तसल्लीकारक पटकथा को अंजाम दे सकते हैं।

इस सच्चाई को भी ध्यान में रखना होगा कि शोधकर्ता, पटकथा लेखक और निर्देशक इन तीनों का जीवन के प्रति रवैया, सोच अलग होता है, विषय की ओर देखने का और प्रस्तुतीकरण का दृष्टिकोण अलग-अलग हो सकता है। ऐसी स्थिति में तीनों भी कार्य एक ही व्यक्ति द्वारा किए जा रहे हों तो सोने में सुहागा।

धरती पर ऐसा कोई विषय नहीं है, जिस पर वृत्तचित्र, लघुफ़िल्म या चित्रकथा (एनिमेशन) न बन सकती हो। परेशानी शोधकार्य तथा फ़िल्मांकन को लेकर ही हो सकती है।

व्यापकता और निष्पक्षता का महत्त्व

शोधकार्य नजरों के सामने रख कर पटकथा लेखक को वे मुद्दे चुनने होते हैं, जो प्रस्तुतीकरण के दृष्टिकोण से महत्त्वपूर्ण हों। कई बार शोधकार्य द्वारा इकट्ठी की गई सामग्री बहुत होती है। वृत्तचित्र बनाते समय आपको पहले ही समयावधि और तदनुसार वृत्तचित्र की लंबाई तय कर लेनी होती है। शोधकार्य भले ही ठोस हो और इकट्ठी सामग्री मौलिक और अपरिहार्य, फिर भी हर बार संभव नहीं है कि सारी जानकारी का उपयोग आप वृत्तचित्र में कर पाएँ। अतः आपको महत्त्वपूर्ण सामग्री में से भी अति महत्त्वपूर्ण मुद्दे छाँटने होंगे।

इन मुद्दों को आधार बना आपको पटकथा लिखनी होगी।

मुद्दे छाँटते समय ध्यान रखना होगा कि सभी मुद्दों को तरजीह दी गई है। मुद्दों को अधिक से अधिक व्यापक बनाया जाए और इनमें संतुलन स्थापित हो। यदि चुनिंदा मुद्दों को ही जोर के साथ पेश किया जाए और शेष (ज़रूरी) मुद्दों को भुला दिया जाए तो यह आक्षेपार्ह काम होगा।

वृत्तचित्र ऐसा माध्यम है, जिसमें प्रस्तुतिकर्ता की इच्छाओं और रुझान को बख़ूबी अंजाम दिया जा सकता है। अतः कई वृत्तचित्रकार अपना रुझान बनाए रख प्रस्तुति की दिशा को तय कर लेते हैं।

चाहे जानबूझ कर, चाहे अनजाने में कुछ मुद्दों को अतिरिक्त वजन के साथ उभारना और कुछ मुद्दों को दबा देना वृत्तचित्र क्षेत्र में अनैतिकता अपनाने जैसा होगा। निष्पक्षता ही वृत्तचित्रकर्मी की कसौटी है।

पिछले पेज में वृत्तचित्र क्षेत्र की तुलना प्रिंट मीडिया की रिपोर्टिंग से की गई है। रिपोर्टिंग जनमत बनाने और जनसाधारण को शिक्षित करने का काम करती है।

मान लिया जाए 'बड़े बाँध : उसके लाभ और हानियाँ' यह आपकी आवरण कथा (cover story) या रिपोर्टिंग का विषय है। अब आप एक बड़े बाध को या एक से अधिक बाँध को चुनते हैं। उनसे संबंधित छपी सामग्री इकट्ठी करते हैं, क्षेत्र में जा जानकारी पाते हैं, साक्षात्कारों के ज़रिए सरकारी जानकारी, बाँध प्रशासन तथा उस इलाके में रह रही आम-खास जनता, प्रभावित आबादी की सुविधाओं-दुखदर्दों के बार में सूचनाएँ इकट्ठी करते हैं। बाँध से हुई हानियों-लाभों को लेकर पक्ष तथा विपक्ष में मत जान लेते हैं।

अब जानकारी इकट्ठी करते समय, उसे आधार बना रिपोर्ट लिखते समय आप किसी एक पक्ष की ओर झुक जाते हैं, किन्हीं मुद्दों को बढ़ा-चढ़ाकर पेश करते हैं, शेष मुद्दों को अनदेखा करते हैं तो ऐसा करने से आपकी निष्पक्षता पर आँच आती है। इससे पढ़नेवालों के मन में एक ख़ास मत बनने लगता है, जो कि एकपक्षीय है।

यही मानदंड वृत्तचित्र बनाते समय प्राप्त की जानेवाली सामग्री, सूचनाओं को लेकर भी लागू होता है। दोनों के शोधकार्य का तरीका लगभग समान है केवल दृष्टिकोण, व्यापकता और ज़रूरतों में अंतर आता है। उसी हिसाब से दोनों माध्यमों के शोधकर्ता अलग-अलग रास्तों से शोधकार्य करते हैं। पहले ही एक तरफ झुका शोधकार्य, फिर पटकथा लेखक ने पटकथा लेखन करते समय दुबारा उसी रुझान को आगे बढ़ाया, तो जो वृत्तचित्र बनेगा वह वस्तुस्थिति का एकांगी बयान होगा न कि संतुलित।

तीन तत्त्वों में सामंजस्य

वृत्तचित्र की पटकथा तीन तत्त्वों के ज़रिए आगे बढ़ती है–दृश्य, शाब्दिक वर्णन/कमेंटरी तथा साक्षात्कार। इन तीनों को आवश्यकतानुसार महत्त्व दिया जाना चाहिए।

एक बात दृश्य द्वारा स्पष्ट हो रही है, वही बात वर्णन द्वारा पुनः बखानी जा रही है, फिर साक्षात्कार किए गए व्यक्ति के मुख से पुनः प्रकट हो रही है तो यह पुनरावृत्ति मानी जाएगी। इससे वृत्तचित्र की लंबाई तो जाया होती ही है, उन मुद्दों के लिए जगह नहीं बचती, जो विषय के अन्य पक्षों को भी उजागर करते हैं।

इसे इस व्यावहारिक कठिनाइयों से भी समझा जा सकता है कि धन की कमी तथा दीगर परेशानियों के कारण वृंत्तचित्र कम बनते हैं, उनकी लंबाई पर असर पड़ता है। ऐसी स्थिति में अविवेक के कारण वृत्तचित्र की लंबाई जाया हो, समझदारी का काम नहीं होगा।

साक्षात्कार विभिन्न तबकों के लोगों के लिए जाने चाहिए; ताकि समाज के या विषय से जुड़े अलग-अलग वर्गों की बात सामने आ पाए। यह विषय पर निर्भर करता है कि साक्षात्कार किन के लिए जाएँ।

साक्षात्कार में एक व्यक्ति या एजेंसी द्वारा प्रकट किए गए मतों को मानदंड नहीं माना जाना चाहिए। इस मुद्दे से संबंधित पक्ष-विपक्ष में अन्य व्यक्तियों/एजेंसियों के मत प्राप्त कर उन्हें भी दर्शाना चाहिए। इससे वस्तुस्थिति के विभिन्न मतमतांतरों को पेश करने का मौका मिलता है। दर्शक भी स्थिति को सही ढंग से समझ पाते हैं।

व्याख्या न करें

सिनेमा तथा टेलीविजन की कथात्मक कहानी में जिस तरह शुरुआत, मध्य तथा अंत होता है और उसे बनाए रखना पड़ता है...उस अर्थ में वृत्तचित्र की पटकथा में शुरुआत, मध्य तथा अंत नहीं होता। किंतु वृत्तचित्र की अपनी विधा और तकनीक के अनुसार पटकथा की शुरुआत, मध्य, अंत अवश्य होता है।

वृत्तचित्रकार या उसके पटकथा लेखक को स्थिति की व्याख्या करने का मूलभूत अधिकार नहीं होता। उसे वस्तुस्थिति को उसके विभिन्न आयामों, मतमतांतरों, पक्ष-विपक्ष के साथ पेश भर कर देना होता है। वृत्तचित्र में अंत में कोई संदेश भी नहीं होता। इन मुद्दों को ध्यान में रखकर पटकथा लिखनी होती है।

कई बार एक ही विषय के विभिन्न अंग भी सशक्त जान पड़ते हैं। अतः आप पूरा एक विषय न उठा, उसके किसी अंग को अपने वृत्तचित्र का विषय बनाते हैं। ऐसी पटकथा सूक्ष्मता तथा विश्लेषणात्मकता लिए हो सकती है।

पटकथा का मानदंड

वृत्तचित्र की पटकथा लिखने के मोटे मानदंड तो एक से ही होते हैं। लेकिन आपको विषय और अपने पास इकट्ठी सामग्री को देख कर लेखन शैली अपनानी पड़ती है। इसका कुछ-कुछ संबंध वृत्तचित्र की लंबाई से भी हो सकता है।

बस, पटकथाकार को देखना होता है कि दृश्य, संबंधित वर्णनात्मक लेखन तथा साक्षात्कार के ज़रिए बात सुलझे ढंग से आगे बढ़ रही है।

लेखन के तरीके

वृत्तचित्र की पटकथा दो-तीन ढंग से लिखी जाती है। कई लोग पहले पूरी कमेंटरी लिख लेते हैं। कमेंटरी को आधार बना दृश्य शूट करते हैं और उन्हें पिरो देते हैं। लंबाई के आधार पर उसकी एडिटिंग यानी संकलन कर लेते हैं। तैयार हो गया वृत्तचित्र।

यह बहुत सही तरीका नहीं होगा। यह एक तरह से आसान तरीका भी है। यहाँ महत्त्व केवल कमेंटरी को प्राप्त हुआ है। कई विषय ऐसे होते हैं जिनके दृश्य (visuals) प्राप्त करना कोई कठिन काम नहीं है। अर्थात आपने आसानी से मनपसंद ढंग से कमेंटरी लिख ली और आसानी से शूट किए दृश्यों को पिरोकर वृत्तचित्र बना लिया।

दूसरा तरीका यह कि शब्दों की चिंता नहीं की। पहले जो दिखा शूट कर लिया। उसे संकलित कर लिया। वांछित लंबाई के visuals प्राप्त होने पर तदनुसार या दृश्यों को ध्यान में रख कर कमेंटरी लिख ली। बन गया वृत्तचित्र।

यह भी बहुत सही तरीका नहीं है। क्योंकि यहाँ दृश्यों (visuals) को ही महत्त्व दिया गया। दृश्य तो इलाके में जाने पर मिल ही जाते हैं।

लेखन का सही तरीका

वास्तव में वृत्तचित्र बनाने की बाक़ायदा एक योजना बननी चाहिए। इस योजना के तहत हर कदम संतुलित ढंग से उठाया जाना चाहिए। शब्द और visuals दोनों को महत्त्व प्राप्त हो। यह योजना आँकते समय आपके ध्यान में रहना चाहिए कि आपके पास (शोधकार्य सामग्री के रूप में) शब्द भी पर्याप्त मात्रा में हैं और दृश्य भी पर्याप्त मात्रा में मिल जाएँगे। फिर, संकलन के समय भी सूक्ष्मता का रुख अपनाना चाहिए।

यह विचार ग़लत है कि वृत्तचित्र वस्तुस्थिति का कच्चा लेखाजोखा भर है। सच तो यह कार्य कलात्मक सोच के बिना पूरा नहीं हो सकता। ऐसी कौन-सी कला हो सकती है, जहाँ कलात्मकता की ज़रूरत न हो...सोच, सूक्ष्मदृष्टि और रोचकता की ज़रूरत न हो।

निर्देशक बनाम पटकथा लेखक

वृत्तचित्र की पटकथा लिखते समय एक समस्या का सामना करना पड़ता है। कई बार आपके सामने विषय से संबंधित पूरी जानकारी नहीं होती। शोधकार्य करने में भी व्यावहारिक कठिनाइयाँ आती हैं। शोधकार्य के लिए समय नहीं होता, न ही यह क़दम व्यावहारिक समझा जाता है। आपको यह भी पता नहीं होता कि जिस क्षेत्र

में शूटिंग पूरी करने जाना है, वहाँ आपको कैसे visuals मिलेंगे। ऐसी स्थिति में आप कैसी पटकथा लिखेंगे?

निर्देशक, जिस पर शूटिंग की जिम्मेदारी है, अगर वह लेखन संबंधी ज्ञान और प्रतिभा भी रखता है, तो समस्या हल हो सकती है। शूटिंग हेतु निकलने से पहले उसके दिमाग में कुछ बातें तैर रही होंगी। साक्षात इलाके में जा कर उसे धीरे-धीरे विषय से संबंधित ज्ञान होने लगता है। परिणामस्वरूप धीरे-धीरे चीजें स्पष्ट होने लगती हैं। निर्देशक के जेहन में पटकथा तथा शूटिंग योजना समांतर बनती रहती है।

अगर निर्देशक में लेखन की प्रतिभा/समझ न हो तो! क्या पटकथाकार हरदम निर्देशक के साथ, यूनिट का एक हिस्सा बनकर चलेगा? यह भी व्यावहारिक नहीं होता। निर्देशक स्वयं तालमेल बिठाने की कोशिश करता है।

कई बार, इसीलिए कहा भी जाता है कि वृत्तचित्र की पटकथा लिखना बड़ा कठिन काम है।

अध्याय ग्यारह

लघुफ़िल्मों की पटकथा

- लघुफ़िल्में वृत्तचित्र का ही विस्तारित स्वरूप
- यह माध्यम यथार्थवादी वर्णनात्मक शैली का है
- मृत व्यक्ति या अप्रचलित तत्त्व पर लघुफ़िल्म बनाना बहुत मुश्किल
- सारे विकल्प कृतिकार के अपने होते हैं, उसे ही सबकुछ तय करना होता है

लघुफ़िल्में वृत्तचित्र का ही विस्तारित स्वरूप है

वृत्तचित्रों का एक स्वरूप पहले से तय हो चुका है। उसी को विस्तृत रूप देने हेतु लघुफ़िल्में जोड़ दी गईं।

लघुफ़िल्में और वृत्तचित्र में कोई सूक्ष्म अंतर आप नहीं बता सकते हैं। जिस भी लंबाई की बनानी हो, लघुफ़िल्म की लंबाई तय हो जाएगी। इन्हें भले ही लघु फ़िल्में कहा जाता हो लेकिन ये 'लंबी' फ़िल्में भी हो सकती हैं। बस, इनका स्वरूप वृत्तचित्र जैसा हो।

लघुफ़िल्म के पटकथा लेखन का भी वही आधार है, जो वृत्तचित्र की पटकथा का आधार है। बारीकियाँ भी वही–

मिसाल के तौर पर एक ही व्यक्ति या तत्त्व को बारबार दिखाना योग्य नहीं समझा जाएगा।

जिसका साक्षात्कार लिया गया, उस व्यक्ति को लंबे समय तक बोलता हुआ दिखाना दर्शकों में ऊब पैदा कर सकता है। अतः दो-तीन बार (लंबाई के हिसाब से) उसे बोलता हुआ दिखाया जाए और शेष लंबाई के दरम्यान यानी जब वह व्यक्ति बोल रहा होता है, तब साक्षात्कार में कही जा रही बातों से संबंधित अन्य दृश्य (visuals) दिखाए जाएँ...ताकि बात भी चलती रहे और अलग-अलग दृश्य भी।

कही गयी बातों और दिखाए गए दृश्यों में विश्वसनीयता जान पड़नी चाहिए।

मृत व्यक्ति पर लघुफ़िल्म बनाना मुश्किल

उस व्यक्ति पर वृत्तचित्र/लघुफ़िल्म लिखना/बनाना मुश्किल काम है, जो इस समय जीवित नहीं है।

ऐसे समय आप पहले से उपलब्ध सामग्री का सहारा लेते हैं। यह सामग्री सीमित हो या पर्याप्त, इसी पर आपको निर्भर करना पड़ता है।

आप महात्मा गाँधी या सुभाषचंद्र बोस या सरदार भगतसिंह पर वृत्तचित्र/लघुफ़िल्म बनाना चाहते हैं...

अतः सबसे पहले आपको लिखित-अलिखित सामग्री इकट्ठी करनी पड़ेगी। आज का ज़माना रेकॉर्ड बनाए रखने का है। तस्वीरों के माध्यम से, लेखन के माध्यम से या अन्य उपलब्ध मार्गों से आप व्यक्ति विशेष, विषय-विशेष के बारे में अधिक से अधिक जानकारी जमा करते रहते हैं। यह सब योजना के तहत यानी तरतीबवार। लंबे समय तक यह जानकारी काम में आ सकती है।

लेकिन पुराने समय में न हमारे पास विभिन्न प्रकार के मार्ग/माध्यम हुआ करते थे, न ही उस समय का व्यक्ति जानकारी सँजोकर रखने के प्रति इतना सजग और महत्त्वाकांक्षी हुआ करता था। अतः युग पुरुषों, महापुरुषों, अद्भुत विषयों से संबंधित सारी जानकारी प्रणालीबद्ध ढंग से हमारे पास उपलब्ध नहीं है...दृश्य-श्रव्य माध्यम में तो बहुत ही कम।

ऐसी अवस्था में पटकथाकार को कुछ विकल्पों का सहारा लेना होता है। एक तो, दृश्य-श्रव्य माध्यम में जितना footage (फ़िल्मांकित हिस्सा) उपलब्ध है, उस सारे का उपयोग। दूसरे, तस्वीरों का उपयोग। तीसरे, कतरनों और लिखित अंशों का उपयोग। चौथे, उन स्थानों का मौजूदा फ़िल्मांकन, जिससे उस व्यक्ति या विषय का संबंध रहा है। या फिर इन स्थानों का पुराना अधूरा-पूरा फ़िल्मांकन। पाँचवें, रेखाचित्र (स्केचेस)। छठा, व्यक्ति या विषय से संबंधित नए-पुराने लोग, संबंधित व्यक्ति, दोस्तों, परिचितों, रिश्तेदारों से बातचीत। सातवें, संदर्भ सामग्री...आदि आदि।

अब इस उपलब्ध सामग्री का ठीक से अध्ययन किया जाए और अधिक से अधिक सही ढंग से पेश करने की कोशिश की जाए। ऐसे समय कल्पकता का सहारा लेना जरूरी है।

दूसरा उपाय यह हो सकता है कि बीच-बीच में उस व्यक्ति की भूमिका निभाने वाले पात्र का प्रवेश कराया जाए। उसी तरह जिस तरह नाटक या फ़िल्म में भूमिकाएँ होती हैं। अब यह निर्देशक/पटकथाकार पर निर्भर करता है कि पूरे वृत्तचित्र/लघुफ़िल्म में पात्र की भूमिकावाले अंश कितने हों और पुरातात्विक सामग्री कितनी हो।

यह भी संभव है कि पात्र की भूमिका को अधिक तरजीह दी जाए और पुरातात्विक सामग्री को पृष्ठभूमि में रखा जाए यानी कम महत्त्व दिया जाए।

विकल्प के रूप में कथात्मक शैली

आजकल कथात्मक (fictional) लघुफ़िल्में भी बन रही हैं। अतः गाँधी/बोस/भगतसिंह/हिटलर को एक पात्र के रूप में स्वीकारा जाए। किसी कलाकार से वह भूमिका अभिनीत कराई जाए—और पूरी फ़िल्म कथात्मक शैली में पेश की जाए। इसकी लंबाई की भी कोई सीमा न रखी जाए। सारे विकल्प कृतिकार के अपने होते हैं। उसे ही तय करना होता है।

अध्याय बारह

एनिमेशन फ़िल्मों की पटकथा

- कम्प्यूटर तकनीक ने एनिमेशन फ़िल्मों में क्रान्ति ला दी है
- आजकल वॉल्ट डिस्ने के एक-एक चित्रों को पुरातत्विक महत्त्व प्राप्त हो चुका है
- एनिमेशन खर्चीली तकनीक, मेहनत भी बहुत करनी पड़ती है—धैर्य की जरूरत होती है
- कार्टून फ़िल्मों में नाटकीयता या अतिनाटकीयता को महत्त्व

दृश्य-श्रव्य माध्यम में दो ढंग से प्रस्तुतीकरण होता है। एक, जीवित पात्रों के ज़रिए, दूसरे, चित्रों के ज़रिए।

पहले तरीके को लाइव (Live) कहते हैं। दूसरे तरीके को चित्रकथा या एनिमेशन (Animation) कहते हैं।

एनिमेशन के ज़रिए गंभीर चित्रकथाएँ, बच्चों के लिए कॉमिक्स तथा कार्टून पेश किए जाते हैं। रामायण, महाभारत जैसे आख्यान भी चित्रकथा के माध्यम से पेश किए गए हैं।

एनिमेशन के दो तरीके

एनिमेशन दो तरीकों से होता है। एक, हाथ द्वारा बनाए गए चित्रों (Hand made sketches/paintings) से तो दूसरे, कम्प्यूटर से। यह सृजनकर्ता पर निर्भर होता है कि वह मानवनिर्मित कला को महत्त्व दे या कम्प्यूटर निर्मित कला को।

यह अनुपात कुछ भी हो सकता है...मानव निर्मित कला पर भी शतप्रतिशत निर्भर रहा जा सकता है तथा कम्प्यूटर निर्मित कला पर भी शतप्रतिशत निर्भर रहा जा सकता है।

मानवनिर्मित कला पर निर्भरता

पुरानी चित्रकथा तकनीक के अंतर्गत चित्रकार/एनिमेटर (Animator) फ्रेम दर फ्रेम बदल दिखानेवाले चित्र हाथ से बनाता था। इस प्रकार हजारों-लाखों-करोड़ों चित्र बनाकर चित्रकथा पूरी की जाती। स्टूडियो में ट्रक भर-भर कर चित्र लाए जाते और उचित प्रकाशव्यवस्था कर कैमरे के माध्यम से इन्हें शूट किया जाता।

वॉल्ट डिस्ने (Walt Disney) की पुरानी सारी कृतियाँ इसी प्रकार निर्मित की गईं।

शूटिंग के बाद इन चित्रों को कहाँ रखा जाए यह एक समस्या हुआ करती। अतः इन्हें नष्ट भी कर दिया जाता। किंतु आजकल वॉल्ट डिस्ने के इन्हीं चित्रों को पुरातत्विक महत्त्व प्राप्त हो चुका है। एक-एक चित्र/पेंटिंग (फ़िल्म की एक फ्रेम दिखानेवाला चित्र, न कि पूरी फ़िल्म) भी संग्रहणीय चित्र मानकर बेचा-खरीदा जाता है।

चूँकि एक एनिमेशन फ़िल्म के लिए भी हजारों-लाखों पेंटिगें बनानी पड़तीं, यह काम बड़े धैर्य का, खर्चीला, महँगा, श्रमसाध्य होता। समय भी बहुत लगता। समर्पण-भावना की आवश्यकता होती।

कम्प्यूटर का इस्तेमाल

इसमें कोई शक नहीं कि कम्प्यूटर के प्रयोग के कारण एनिमेशन तकनीक में एक क्रांतिकारी परिवर्तन आया है। नित नए प्रयोग हो रहे हैं। लगभग वांछित परिणाम प्राप्त करने की कोशिश की जा रही है।

नई तकनीक का माने है नया अर्थ। एनिमेशन फ़िल्मों में नए-नए अर्थ पेश किए जा रहे हैं। तकनीक द्वारा वास्तविक छवि की नकल करने की भरपूर कोशिश की जा रही है; ताकि असल और नकल में कम से कम अंतर रह जाए। आनेवाले सालों में और प्रगति होने की आशा है।

कम्प्यूटर तकनीक से एनिमेशन प्रक्रिया को सरल, आसान और सहज बनाया जा रहा है। तीन स्तरों पर प्रभाव प्राप्त करने के प्रयत्न जारी हैं। एक तो पात्र को अधिक से अधिक सजीव बनाना। (इसे अंग्रेजी में soft organic effect कह सकते हैं) दूसरे, पात्र, वातावरण आदि में यथार्थ का निर्माण...जैसे पात्र की त्वचा, उसके बाल असली बनाने की कोशिश, पात्र की आँखों में भावनाएँ निर्मित करने की कोशिश, वातावरण में अगर गंदगी हो, धुँधलापन हो, तो वातावरण को उस प्रकार बनाने की कोशिशें...आदि।

तीसरे, पात्रों तथा वस्तुओं को गति देना। यह गति या हलचल अधिक से अधिक सहज, स्वाभाविक की जा रही है। डिजिटल, त्रि-आयामी, नॉन-लीनियर (Non-linear) तकनीकें एनिमेशन में बड़ी मददगार साबित हो रही हैं।

त्रि-आयामी (three dimentional) तकनीक एनिमेशन फ़िल्मों से अधिक औद्योगिक क्षेत्र में अपना असली प्रभाव दिखा रही है। त्रि-आयामी पात्र, वस्तु (object) असलियत के क़रीब होते हैं। अब फ्रेम दर फ्रेम चित्र बनाकर शूट करने की आवश्यकता नहीं है। केवल चंद तस्वीरें (key frames) बनाना पर्याप्त है। अलग से प्रकाश-व्यवस्था तथा कैमरे की भी जरूरत नहीं होती। सब कुछ कम्प्यूटर द्वारा वांछित रूप से कर दिया जाता है।

कम्प्यूटर को एक मददगार साधन (supporting means) माना जा रहा है और इसका इस्तेमाल कार्य को बहुत तेजी से पूरा करने हेतु किया जा रहा है।

एनिमेशन पटकथा

एनिमेशन पटकथा का भी वही तरीका है जो आम पटकथा लेखन का। सारे मानदंड एक से होते हैं।

चित्र चाहे हाथ से बनाए जाएँ या कम्प्यूटर माध्यम से, सृजनात्मकता कभी नहीं बदलती। यह कलाकार के दिमाग में होती है। सृजनकर्ता का योगदान हर हालत में जरूरी है। उसका स्थान कम्प्यूटर नहीं ले सकता।

एनिमेशन कथा के दो अंग हैं। एक, कथा। दूसरा, एनिमेशन। एनिमेशन एक तकनीकी शैली है, प्रस्तुतीकरण का माध्यम...जबकि कथा मूल सामग्री।

कथा-पटकथा तैयार हो जाने पर चित्रकार/एनिमेटर पात्रों का हुलिया/स्वरूप तय करता है। उनका चित्रमय चरित्रीकरण तय कर लिया जाता है। इसमें निर्देशक का भी योगदान होता है। पात्र सजीव-निर्जीव दोनों होते हैं; मसलन मानव, जानवर, दैत्य, पक्षी, काल्पनिक हस्ती, रोबोट, मशीनें आदि।

जैसा कि कहा गया है शुरुआती चित्र हाथ से बना फिर उन्हें कम्प्यूटर की मदद से कहानी आगे बढ़ायी जा सकती है या शुरुआत से ही कम्प्यूटर के सहारे आगे बढ़ा जाता है।

संवाद या कमेंटरी

एनिमेशन फ़िल्में मूलतः मूक होती हैं। इन्हें संवाद या कमेंटरी के ज़रिए बोलती बनाया जाता है। फ़िल्म के साथ संगीत तथा विभिन्न प्रकार की ध्वनियाँ जोड़ दी जाती हैं। संवाद स्पष्ट और आम शैली में बोले जाएँ या बनावटी तथा उतार-चढ़ावों वाली शैली में यह कहानी के स्वरूप पर निर्भर करता है। गंभीर विषयों की चित्रकथा में गंभीर शैली अपनाई जाती है, कॉमिक्स तथा कार्टून फ़िल्मों में अलग शैली।

नाटकीयता को महत्त्व

वॉल्ट डिस्ने की फ़िल्मों में नाटकीयता, अतिनाटकीयता, अतिशयोक्ति (exaggeration) को काफी महत्त्व दिया जाता। हास्य प्रधान, मनोरंजक, कार्टून फ़िल्में, कॉमिक्स आदि में आज भी नाटकीयता-अतिनाटकीयता बरकरार है। हरकत (action) तथा संवाद में निहित नाटकीयता से आनंद द्विगुणित हो जाता है।

ऐसी फ़िल्में मूलतः बच्चों के लिए बनाई जाती हैं। लेकिन इनका आनंद बड़े दर्शक भी उठाते हैं। इन फ़िल्मों की विषयगत और शैलीगत रोचकता के कारण ही वे बहुत लोकप्रिय हो जाती हैं।

भविष्य में इस क्षेत्र में होनेवाली क्रांति निश्चय ही एनिमेशन फ़िल्मों को और ग्राह्य (acceptable) बना देगी।

अध्याय तेरह

विज्ञापन की पटकथा

- सच तो, विज्ञापन दिमागी ख़ुराफ़ात या दिमागी फ़ितूर का ही नतीजा है
- 'लुभाना' विज्ञापन जगत की बुनियादी शर्त है
- विज्ञापन के दर्शक विज्ञापन की बहुत सारी बातों को सच मान जाते हैं
- जब किसी उत्पाद को बढ़ाचढ़ाकर बताया जाता है तो सवाल यह भी उठता है कि क्या उस उत्पाद में बुराइयाँ नहीं हैं
- लेखक को पेशेवर रुख अपनाना चाहिए या उसे नैतिकता-अनैतिकता के पचड़े में पड़ना चाहिए।

विज्ञापन की दुनिया बिल्कुल अलग होती है। तकनीक, सामग्री और मानदंड इन तीनों को लेकर यहाँ क्रांति होती रहती है। 'लुभाना' यहाँ की बुनियादी शर्त है। जहाँ समाज के प्रति जिम्मेदारी महसूस नहीं की जाती, वहाँ मानदंड बिखरते ही हैं।

विज्ञापनकर्त्ताओं की जिम्मेदारी अपने ग्राहक (client) के प्रति होती है। उन्हें खुश करने के लिए सीमाएँ भी लाँघी जाती हैं।

अतः यह कहना कि लेखक को इस साँचे का लेखन करना आना चाहिए, कोई माने नहीं रखता। लेखक, निर्देशक, कला निर्देशक (art director), विजुअलायज़र...इस क्षेत्र से जो भी जुड़ा हो, उसे एक आकर्षक कल्पना ज़गत का निर्माण करना आना चाहिए। जो लेखक अधिक से अधिक काल्पनिक जगत का निर्माण कर उत्पाद बिकवाने का गुर जानता हो, वही यहाँ का सफल लेखक। वही लेखक यहाँ बना भी रह सकता है।

दृश्यबिंब (विजुअल्स) को अधिक महत्त्व

विज्ञापन क्षेत्र में शब्द 'समर्थन' की भूमिका अदा करते हैं। कई बार ऐसा भी देखने में आया है कि शब्दों, नारों, मुहावरेनुमा वाक्यों ने ही विज्ञापन को ऊँचाइयाँ बख्श दी हैं।

नियमतया यहाँ पूरे विज्ञापन को एकमुश्त सोचने की कोशिश की जाती है। मान्यता है कि पूरी ताकत से विज्ञापन को अपना प्रभाव छोड़ना चाहिए। इस लिहाज से सबों को इकट्ठे प्रभाव को लेकर सोचना पड़ता है।

ऐसा नहीं हो पाया तो पहले visual पर सोचा जाता है। आर्ट डाइरेक्टर, विज़ुअलायज़र आदि इकट्ठे बैठ चित्र/दृश्य/visualization पर सोच लेते हैं। दृश्य तय हो जाने पर लेखक उसे अपने शब्दों से सँवार देता है।

सच तो, विज्ञापन दिमागी खुराफात या दिमागी फ़ितूर का ही नतीजा है। जिसका दिमाग चल जाए, उसकी मदद के लिए टीम के बाकी लोग आगे आ जाते हैं। इसमें लेखक भी अपने माध्यम के ज़रिए प्रमुख योगदानकर्त्ता साबित हो सकता है।

कई ग्राहक/एजेंसियाँ शब्दों का महत्त्व देती हैं। अतः लेखक को मुख्य भूमिका अदा करनी पड़ती है। विज्ञापनी फ़िल्म तो दृश्य को ही आधार मान कर चलती है।

यह इसलिए भी होता है क्योंकि विज्ञापन फ़िल्मों में चेहरों को अधिक महत्त्व होता है। नामीगिरामी व्यक्ति, फ़िल्मी हस्तियाँ, प्रसिद्ध खिलाड़ी, सुंदर लड़के-लड़कियाँ, नए पुराने मॉडेल के इर्दगिर्द मूल संकल्पना घूमती है। उनके विज़ुअल्स ऐसे निर्मित होने चाहिए ताकि देखनेवालों पर जादू चल जाए।

फ़िल्म में एक नामीगिरामी फ़िल्म कलाकार अपने घर किसी ख़ास कम्पनी के टेलीविजन सेट को ले जा रहा है...इसी का मतलब आप कह कर बताएँ या नहीं, मायने तो यही निकलता है कि उस जैसा नामीगिरामी व्यक्ति यह टीवी सेट ख़रीद रहा है तो आप क्यों नहीं?

वजनदार शब्दों का प्रयोग

अब लेखक पर भाव-प्रदर्शन हेतु थोड़ी ही जिम्मेदारी रह जाती है। लेकिन उसे बड़ी कुशलता और प्रतिभा दिखाते हुए पूरी करनी पड़ती है। क्योंकि दर्शकों की यही अपेक्षा होती है कि ऐसा नामीगिरामी व्यक्ति मुँह खोलेगा, तो कोई अद्‍भुत बात ही कहेगा...या फिर उत्पाद ख़रीदने का कारण बताएगा, तो वह भी वज़नदार ही होगा। क्योंकि फ़िल्म में दिखाया जा रहा ख़रीददार विशिष्ट व्यक्ति है; अतः निश्चित है कि उसका हर सोच, उसका रुझान, ज़ायक़ा (taste), पसंद, अदाएँ सब कुछ विशिष्ट होगा।

विज्ञापन के दर्शक विज्ञापन की बहुत सारी बातों को सच मान जाते हैं। अतः विज्ञापन के निर्देशक और लेखक की प्रतिभा का महत्त्व बढ़ ही जाता है।

पेशेवर रुख बनाम विवेकबुद्धि

एक मान्यता यह है कि विज्ञापन लेखन एक पेशेवर (professional) काम है। अतः लेखक को अधिक से अधिक कुशलता, प्रवीणता दिखाते हुए अपना काम करना चाहिए; न कि लेखन संबंधी नैतिकता-अनैतिकता के पचड़े में पड़ना चाहिए। क्योंकि उसकी निष्ठा तो अपने ग्राहक के साथ जुड़ी है।

किंतु उसका दूसरा पक्ष यह है कि लेखक, किसी भी विधा का हो, समाज के प्रति जिम्मेदार होता है। बगैर जाँचे-परखे उसे उत्पाद का समर्थन नहीं करना चाहिए। अगर यह साबित हो चुका है कि अमुक चीज खाने-पीने से अमुक रोग हो सकता है...या अमुक चीज के सेवन के कारण प्रदूषण बढ़ता है...या अमुक कार्य को बढ़ावा देने से परिवार तथा समाज में विकृतियाँ पैदा हो सकती हैं...इसके बावजूद विज्ञापन लेखक उस उत्पाद के समर्थन में बढ़-चढ़कर लिखता है, तो अवश्य ही यह नैतिकता-अनैतिकता के दायरे में आनेवाला मुद्दा है।

विज्ञापन प्रस्तुतीकरण में अक्सर दो शैलियाँ अपनाई जाती हैं—एक तो अपने उत्पाद की अच्छाइयाँ और विशेषताएँ बताई जाती हैं। दूसरे यह कि बाज़ार में उपलब्ध अन्य उत्पादों से 'हमारा' उत्पाद कैसे अच्छा है!

जब आप अपने उत्पाद की अच्छाइयाँ बताते हैं, तो सवाल यह भी उठता है कि क्या उस उत्पाद में बुराइयाँ नहीं हैं? हैं, तो उनका भी बखान क्यों नहीं किया जाता। मान लिया जाए कि आपके उत्पाद में 5 अच्छाइयाँ है और 10 बुराइयाँ हैं तो क्या 5 अच्छाइयों की ख़ातिर उपभोक्ता को 10 बुराइयाँ मोल लेनी चाहिए?

दूसरा मुद्दा भी इसी से मिलता-जुलता है। विज्ञापन में जब दूसरे उत्पादों की तुलना में एक उत्पाद को बेहतर बताया जाता है, तो पुनः सवाल उठता है कि आपका उत्पाद एक मामले में तो बेहतर है, लेकिन अन्य मामलों में दूसरों से बुरा। क्या आप पूरी स्थिति बयान कर रहे हैं?

काम करने का तरीका इस तरह होता है

उत्पादनकर्त्ता जब अपने नए/पुराने उत्पाद को बाज़ार में लाना (लांच करना) चाहता है तो वह विज्ञापन एजेंसी या विज्ञापन पेशेवर (advertising professional) से संपर्क करता है। वह लिखित रूप में तथा चर्चा के दौरान अपने उत्पाद की विशेषताएँ स्पष्ट करता है। इस बात को भी लेकर अपनी इच्छा प्रकट करता है कि मुहिम (ad. campaign) का स्वरूप क्या हो और कौन-सी बात मुखर हो कर उभरे।

इस प्रक्रिया के चलते जाने-अनजाने इच्छा-अनिच्छा से उत्पाद के अन्य पहलुओं पर चर्चा नहीं होती। एक ही दिशा में आगे बढ़ने की मंशा लिए मुहिम को अंजाम दिया जाता है।

विज्ञापन लेखक तथा दीगर विज्ञापनकर्मी उपभोक्ता और उत्पादक के बीच कड़ी का काम करते हैं। उपभोक्ता विज्ञापन में दिखाई गई बातों पर तथा लिखे-कहे हुए शब्दों पर विश्वास कर अगर वह उत्पाद ख़रीदता है तो क्या यह उसके साथ विश्वासघात नहीं है?

क्या लेखक को भी इस पहलू पर सोचना नहीं चाहिए?

अध्याय चौदह

अभिनय के दृष्टिकोण से पटकथा लेखन

- पात्र को कलाकार जीता है, यानी कलाकार अपनी ओर से योगदान देता है
- सिनेमा की पटकथाएँ स्टार को ध्यान में रख कर भी लिखी जाती हैं
- दर्शक किसी स्टार की फ़िल्म देखने इसलिए भी जाते हैं, ताकि उन्हें 'ख़ुराक' मिले, उनकी उम्मीदें पूरी हों
- लोकप्रिय शैली के सिनेमा में ओवरएक्टिंग (over acting) के बगैर काम नहीं चलता
- हमारे यहाँ दृश्य-श्रव्य माध्यम में रिहर्सलें हों ही, इसकी कोई गारंटी नहीं

कहानी का सच्चा वाहक जो होता है, वह पात्र ही। यानी जीवित (live) तत्त्व। चूँकि यह जीवित होता है, इसलिए भावनाओं का सम्प्रेषण अचूक ढंग से कर भी पाता है।

पटकथाकार को पात्रों के महत्त्व को समझना होगा।

हर प्रकार का भाव प्रदर्शन हर व्यक्ति कर सकता है। लेकिन वह ऐसा तभी करता है, जब भीतर से भाव उपजते हैं। यह प्राकृतिक तरीका है। यही अंतर आम व्यक्ति और अभिनेता/अभिनेत्री में होता है।

अभिनेता/अभिनेत्री से जब कहा जाए, उसी समय वह ख़ास भाव प्रदर्शन कर दिखा देगा। आप कह सकते हैं कि संसार का हर व्यक्ति 'प्राकृतिक अभिनेता/अभिनेत्री' है जबकि अभिनय करनेवाला पुरुष या स्त्री 'कृत्रिम अभिनेता/अभिनेत्री' है।

इस 'कृत्रिम अभिनेता/अभिनेत्री' को एक अतिरिक्त वरदान प्राप्त होता है। वह दोनों प्रकार से भाव प्रदर्शन कर सकता है। यानी सच में हँसी आने पर भी वह हँसता है और किसी के कहने पर भी हँस कर दिखा देता है। यह बनावटी भाव प्रदर्शन कितना प्राकृतिक, सच्चाई के कितना क़रीब है, यही जाँच कर हम तय कर लेते हैं कि कौन कितना सशक्त कलाकार है।

भाव प्रदर्शन की इस सशक्त कला को पटकथाकार पहचान ले तो उसकी काफी

समस्याएँ हल हो जाती हैं। अभिनेता/अभिनेत्री भी आख़िर वही करते हैं, जिसे करने के लिए पटकथाकार अपने दृश्य में लिखता है।

पटकथाकार विस्तार से और अपने ढंग से पूरी प्रतिभा के साथ वर्णन करता है। फिर भी वह असर नहीं छोड़ता। संभव है, ऐसे समय पात्र का अभिनय, उसका क्रियाकलाप, उसका भावप्रदर्शन वह असर पैदा कर दे।

दृश्य-श्रव्य माध्यम एक संयुक्त कला है। लेखक जो कुछ भी करेगा, परदे के पीछे रहकर (पृष्ठभूमि में)। संवाद के अलावा वह जो कुछ भी लिखेगा, उसका एक ही मायने है...दूसरे विभागों को उकसाओ, प्रेरित करो...उनके लिए वातावरण पैदा करो...उन्हें संकेत दो।

यही संकेत पाकर कैमरा मैन एक वातावरण बनाता है, उसे कैद करता है। मंचसज्जाकार मंचसज्जा करता है, वेशभूषा विशेषज्ञ पात्र तथा स्थूल तत्त्वों को सजाएगा। निर्देशक इकट्ठे दृश्य को पेश करेगा। अभिनेता-अभिनेत्री पात्र को प्रत्यक्ष जिएँगे।

जब हम कहते हैं, कि पटकथाकार द्वारा वर्णित पात्र को कलाकार जीता है, इसी का मतलब कलाकार अपनी ओर से योगदान देता है, और योगदान की क्षमता उसमें है। पटकथाकार को इस क्षमता को स्वीकार कर, उसे भुनाना चाहिए।

तदनुसार अपने लेखन को मोड़ना चाहिए, उसमें बदल करना चाहिए...स्तर को अभिनेता/अभिनेत्री के अनुरूप बनाना चाहिए। दूसर शब्दों में पात्र को पटकथाकार भी जीता है, अभिनेता तथा अभिनेत्री भी जीते हैं यह संयुक्त प्रयास है।

स्टार को ध्यान में रखकर पटकथा लेखन

दृश्य-श्रव्य माध्यम की अन्य विधाओं में केवल अभिनेता तथा अभिनेत्री पर ज़रूरत से ज़्यादा जोर नहीं होता। उन्हें उतना ही महत्त्व प्राप्त होता है, जितना ज़रूरी है।

लेकिन किसी भी भाषा तथा देश के सिनेमा जगत, विशेषकर लोकप्रिय शैली के सिनेमा जगत में अभिनेता-अभिनेत्री एक प्रकार से सर्वोपरि मान लिए जाते हैं। शुरुआती दौर के बाद इनकी छवि तय हो जाती है।

इस छवि के इर्द-गिर्द पूरी फ़िल्म घूमती है...बाकी बातें मानो गौण हो जाती हैं।

सिनेमा जगत में एक परंपरा यह भी है कि कहानी तो लिखी गई है, लेकिन किस अभिनेता-अभिनेत्री को ध्यान में रख कर लिखी गई? कहानी का बँटवारा तो यहीं तय हो जाता है, वैसे यह साफ़ तौर पर होना भी चाहिए।

एक कहानी-पटकथा वह, जो लेखक ने अपने दृष्टिकोण से लिख ली। यह आम श्रेणी की कहानी-पटकथा। दूसरी श्रेणी वह, जब आप किसी अभिनेता-अभिनेत्री को ही ध्यान में रखकर लिख रहे हैं।

यहीं अभिनय (शैली) और अभिनेता का योगदान साबित हो जाता है।

लोकप्रिय शैली के सिनेमा हेतु लिखी जानेवाली पटकथाएँ मिश्रित स्वरूप की नहीं हो सकतीं। या तो वे किसी को ध्यान में न रखकर, केवल कहानी को महत्त्व देते हुए लिखी गई हों...या किसी अभिनेता-अभिनेत्री को ध्यान में रख लिखी गई हों।

लगभग सौ साल के सिनेमा जगत पर नजर डालने से साफ दिखाई देता है कि कभी एक स्टार ने अपनी छवि के अनुसार बनी फ़िल्मों की परंपरा डाली तो कभी दूसरे स्टार ने कोई नयी परंपरा डाली...।

इन 'स्टार' में केवल नायक का ही नहीं, अन्य अभिनेता-अभिनेत्रियों का भी शुमार होता है...जैसे खलनायक, हास्य कलाकार आदि...। लेकिन नियम तो यही है कि स्टार माने नायक, और उसकी छवि।

उपर्युक्त बात को उल्टे ढंग से भी समझा जा सकता है। जब तक किसी अभिनेता-अभिनेत्री की सही छवि नहीं बन पाई, तब तक न वह चला न उसकी फ़िल्में।

फ़िल्म जगत में परंपराएँ स्थपित कंरने का श्रेय दो व्यक्तित्व को अधिक है...एक निर्देशक, दूसरे अभिनेता। इनमें भी पहले नंबर पर अभिनेता-अभिनेत्री ही आते हैं।

एक बार पटकथाकार यह तय कर लेता है कि स्टार की छवि ध्यान में रखकर कहानी पटकथा लिखेगा, तो फिर वह बँध जाता है। यहाँ कोई समझौता नहीं हो सकता।

उसकी कहानी तथा पटकथा लेखन में लगातार यह कोशिश होनी चाहिए कि नज़र के सामने रखे गए स्टार की तस्वीर हर दृश्य में निखरकर आ रही है। दृश्य दर दृश्य यह आलेख (graph) बढ़ता ही जाना चाहिए।

यह चरित्रीकरण और संवाद के स्तर पर भी होना चाहिए। कई स्टार अपने संवाद और संवाद शैली के कारण भी जाने जाते हैं। ऐसे स्टार फ़िल्मी परदे पर अपनी प्रसिद्धि के अनुसार संवाद न बोलें, तो दर्शक विचलित हो जाते हैं।

स्टार की छवि का एक और माने होता है। दर्शकों की उम्मीदें पूरी करना। दर्शक किसी स्टार की फ़िल्म देखने इसलिए भी जाते हैं, ताकि उन्हें 'खुराक' मिले, उनकी उम्मीदें पूरी हों। पटकथाकार को अपनी लेखनी के माध्यम से यह खुराक देनी पड़ती है, दर्शकों की उम्मीदें पूरी करनी पड़ती हैं।

बँटी हुई अभिनय शैली

पटकथाकार इस सच्चाई को भी नहीं भूल सकता कि सिनेमा, टेलीविजन, नाटक विज्ञापन इन विभिन्न विधाओं के अनुसार अभिनय शैली बँटी है।

नाटक विधा में सूक्ष्म और भीतरी अभिनय को बहुत महत्त्व प्राप्त है, नाटक में जबरन हाथ-पैर हिलाने की प्रथा नहीं है। वहाँ सच्चाई को बढ़े-चढ़े अभिनय के माध्यम से नहीं दिखाया जाता। रंगमंच जगत में अभिनय को लेकर एक शब्द प्रचलित

है...(cliche acting) यानी घिसा पिटा अभिनय। वहाँ अतिअभिनय (over acting) को भी अच्छी नजर से नहीं देखा जाता।

लोकप्रिय शैली के सिनेमा जगत में अतिअभिनय के बगैर काम नहीं चलता। जब तक अभिनय में अतिरेक न हो, न कलाकार की संतुष्टि होती है न शायद दर्शक की ही। वहाँ cliche acting को भी स्वीकारा जाता है।

यथार्थवादी सिनेमा में अभिनय पक्ष को सम्प्रेषण के एक सशक्त माध्यम के रूप में अपनाया जाता है।

विज्ञापन में तो दिखावा ही मानदंड है। अतः वहाँ अपनी मर्जी के अनुसार सारे पक्ष तय किए जाते हैं...अभिनय भी।

धारावाहिकों में बीच का रास्ता अपनाया जाता है। कभी इधर रुझान, कभी उधर रुझान।

सच तो दृश्य-श्रव्य माध्यम के पास 'क्लोज़अप' (close-up) जैसा सुदृढ़ हथियार है...जिसके ज़रिए तरह-तरह के और अचूक भाव-सम्प्रेषण में मदद मिलती है। लेकिन इस हथियार का सही ढंग से इस्तेमाल नहीं होता। यह निर्देशक तय करता है कि वह किस स्थिति में क्लोज़अप का सहारा लेगा, नहीं लेगा।

पटकथाकार को दोनों नतीजों के लिए तैयार रहना होता है। यह कलाकार पर निर्भर करता है कि वह कैसा अभिनय करे...निर्देशक पर निर्भर होता है कि वह कलाकार से कैसा अभिनय करवा ले।

नाटकों में रिहर्सलें होती हैं ताकि अंतिम परिणाम प्रभावशाली हो। हमारे यहाँ दृश्य-श्रव्य माध्यम में रिहर्सलें हों ही, इसकी कोई गारंटी नहीं। टेक भी कितने हों, यह परिस्थिति पर निर्भर करता है।

यह कहना अतिशयोक्ति नहीं होगा कि दृश्य-श्रव्य माध्यम में हमारे यहाँ (सूक्ष्म) अभिनय की सारी संभावनाएँ अब तक तलाशी नहीं जातीं।

अध्याय पंद्रह

संकलन के दृष्टिकोण से पटकथा लेखन

- विसंगतियाँ, तकनीकी हों या सृजनात्मक, संकलन के समय पता चलती हैं
- संकलन एक कलात्मक कार्य होता है
- संकलन कला नित नयी तकनीक तथा संकलक की कल्पकता के कारण कल्पना से बढ़कर प्रभाव दे सकती है
- संकलक की चालबाजी के कारण स्थिति ही बदल जाए, या स्थिति की व्याख्या ही बदल जाए
- संकलक संकलन टेबल पर अपनी मर्जी के अनुसार निर्णय ले सकता है

संकलन (editing) वह कला है, जिसके कारण कई बार बाकी सारे विभागों, सारी कलाओं को मात खानी पड़ती है।

जब तक लेखन और उसके बाद शूटिंग चलती रहती है, तब तक तो शायद संकलन और संकलक का किसी को ध्यान ही नहीं रहता। अगर रहता भी हो, तो दिमाग के किसी हिस्से में छुपा, पृष्ठभूमि में।

जब सारी शूटिंग पूरी हो जाती है और 'कच्चा माल' संकलक के टेबल पर पहुँच जाता है तो संकलक अति महत्त्वपूर्ण व्यक्ति बन जाता है।

क्या है संकलन

संकलन, जिसे कभी-कभार संपादन भी कह देते हैं, बिखरी चीजों को तरतीबवार लगाने की कला है। संकलन के बाद ही कोई भी कृति एकमुश्त, प्रदर्शन के लिए तैयार होती है।

कोई भी फ़िल्म या धारावाहिक मोटे तौर पर तीन चरणों में बँटा होता है। पहला चरण लेखन का, दूसरा चरण फ़िल्मांकन यानी प्रॉडक्शन (production) का, तीसरा चरण संकलन आदि यानी पोस्ट प्रॉडक्शन (post production) का।

स्क्रिप्ट पूरी तरह तैयार हो जाने पर शूटिंग शुरू हो जाती है।

शूटिंग के अपने नियम, तरीके होते हैं। शूटिंग का कार्यक्रम बनाया जाता है, जिसे शूटिंग शेड्यूल (shooting schedule) कहते हैं।

शूटिंग शेड्यूल कई बातों पर निर्भर करता है, शूटिंग से पहले शूटिंग संबंधी सारी तैयारियाँ पूरी कर लेनी पड़ती हैं। फ़िल्मांकन स्थल (location) तय हो जाता है, कलाकार तय हो जाते हैं, मंचसज्जा हो जाती है, वेशभूषा तैयार हो जाती है, शूटिंग उपकरण मसलन कैमरा, लाइट्स, साउंड सिस्टम/इक्वीपमेंट आदि बुक कर लिए जाते हैं। सबसे बड़ी दिक्कत कलाकारों की उपलब्ध तिथियों को लेकर होती है। विशेषकर बड़े-बड़े कलाकारों की तिथियों को लेकर। एक बार बड़े कलाकारों की तिथियाँ मिल जाने पर बाकी तैयारियाँ पूरी कर शूटिंग शेड्यूल बन जाता है।

कहानी और पटकथा जब लिखी जाती है तो क्रमवार। कहानी किस तरह आगे बढ़ेगी, यह एक के बाद एक के क्रम में लिखे दृश्यों से ही पता चलता है। लेकिन शूटिंग इसी क्रम में करना ज़रूरी नहीं है। कहानी का कोई भी हिस्सा किसी भी समय शूट किया जा सकता है। बाद में ये सारे हिस्से क्रमवार जोड़ दिए जाते हैं। यही संकलन है।

शूटिंग किस हिस्से की, कब और कहाँ की जाए यह मूलतः दो बातों पर निर्भर करता है। एक तो कलाकारों की उपलब्धता, दूसरे स्थान यानी लोकेशन की उपलब्धता।

जब भी शूटिंग शुरू होती है, दृश्य को शॉट में बाँटा जाता है और हर शॉट को नंबर दिया जाता है। एक काली तख्ती जिसे क्लैप (clap) कहा जाता है, पर तीन बातें लिखी जाती हैं—दृश्य नंबर, शॉट नंबर तथा टेक (take) नंबर।

दृश्य नंबर (sc.no.) वही होता है, जो पटकथाकार अपनी पटकथा में उस दृश्य को देता है। शॉट नंबर (shot no.) निर्देशक देता है। टेक का माने होता है एक ही शॉट कितनी बार फ़िल्माया गया। कलाकार के ठीक अभिनय न करने के कारण या किसी और तकनीकी कारणों से एक ही शॉट बार-बार फ़िल्माया जा सकता है। सारे टेक सुरक्षित रखे जाते हैं। इन्हें नंबर दिए जाते हैं मसलन टेक 1, टेक 2, टेक 3...इस प्रकार।

संकलन करते समय, फ़िल्माया गया वही टेक लिया जाता है जो सही (o.k.) माना गया हो। शूटिंग के समय हर टेक लेने से पहले क्लैप को भी शूट कर लिया जाता है, ताकि संकलन के समय फ़िल्म/टेप देखकर पता लगाया जा सके कि कौन-सा सही-गलत शॉट/टेक कहाँ है।

इस तरह सुविधानुसार, आगे-पीछे, आडे-टेढ़े ढंग से शूटिंग पूरी कर लेने के बाद सारी सामग्री संकलक को सौंप दी जाती है। संकलक के पास तरतीबवार लिखी/शूट की गई पटकथा भी होती है।

संकलक इधर-उधर बिखरे दृश्य/शॉट/टेक में से (o.k.) टेक उठाता चलता है

और उसे क्रमवार लगाता चलता है। यह सृजनात्मक, साथ ही तकनीकी काम है। संकलक को बड़ी जागरूकता से यह जिम्मेदारी पूरी करनी होती है।

दृश्य-श्रव्य माध्यम की तकनीक दो प्रकार की होती है। एक फ़िल्म तकनीक, दूसरी वीडियो तकनीक। जब फ़िल्म पर फ़िल्मांकन किया जाता है, तो फ़िल्म तकनीक समझी जाती है। वीडियो टेप पर फ़िल्मांकन किया जाए, तो वीडियो तकनीक कही जाती है।

फ़िल्म तकनीक वीडियो तकनीक से श्रेष्ठ होती है, लेकिन महँगी भी होती है। फ़िल्में दोनों तकनीक में शूट होती हैं। सिनेमागृह में दिखाई जानेवाली फ़ीचर फ़िल्में फ़िल्म तकनीक पर आधरित हैं। वैसे वीडियो फ़ीचर फ़िल्में भी बनती हैं। वृत्तचित्र, लघुफ़िल्में दोनों तकनीक को अपनाकर शूट की जाती हैं। धारावाहिक या टीवी कार्यक्रम वीडियो तकनीक पर आधारित होते हैं।

संकलन की तकनीक भी अलग-अलग होती है—फिल्म के लिए अलग तरीका, वीडियो के लिए अलग।

संकलन के कारण आनेवाला अंतर

संकलन का माने केवल यही नहीं होता कि दो शॉट, दो बृश्य को जोड़ दो। यह एक कलात्मक कार्य होता है। इसे बाक़ायदा सीखना पड़ता है।

संकलन को खूबसूरती कई आयामों से प्रदान की जाती है। यही सूबसूरती संकलक की कलात्मक पहचान होती है।

शूटिंग करते समय कई सावधानियाँ बरतनी पड़ती हैं। सृजनात्मक सावधानियाँ (creative precautions) तो निर्देशक खुद बरतता है, लेकिन तकनीकी सावधानियाँ उसे कैमरामैन की मदद से बरतनी पड़ती हैं। कुछ निर्देशक सृजनात्मक तथा तकनीकी पक्ष दोनों में माहिर होते हैं। कुछ निर्देशक सृजनात्मक महारत तो रखते हैं, तकनीक के मामले में कमजोर होते हैं।

वैसे बता दें कि निर्देशक की तकनीकी कमजोरी सही मायने में कमजोरी नहीं मानी जा सकती। तकनीकी पक्ष पूरा करने के लिए उसे छायाचित्रकार तथा अन्य विशेषज्ञों की मदद मिलती है।

इसके बावजूद कुछ विसंगतियाँ (incoherence) दृश्य/शॉट/टेक में रह जाती हैं। ये तकनीकी भी हो सकती हैं तथा सृजन संबंधी भी। इसके भी कई कारण होते हैं। ये विसंगतियाँ, यदि हों तो संकलन के समय पता चलती हैं।

विसंगतियों का स्वरूप

ये विसंगतियाँ लुक (Look) (पात्र सही दिशा में देख रहा है या नहीं) को लेकर हो सकती हैं...प्रवेश तथा निर्गम (entry तथा exit) को लेकर हो सकती हैं...लोकेशन

को लेकर हो सकती हैं...पात्र की पोज़ीशन, वस्तुओं की पोजीशन को लेकर हो सकती हैं...पात्र के कपड़े, बालों की शैली आदि को लेकर हो सकती हैं...कैमरे के एंगल को लेकर हो सकती हैं...वगैरह वगैरह।

मान लिया जाए, आज की शूटिंग के समय पात्र ने लाल रंग की मणिवाली अँगूठी बाएँ हाथ की बीच की उँगली में पहनी है। आज अधूरी शूटिंग हुई। चार रोज बाद उसी क्रम (sequence) के अगले हिस्से की शूटिंग होनी है। हड़बड़ाहट में आपको याद नहीं रहा कि पात्र ने किस हाथ की किस उँगली में कैसी अँगूठी पहनी है। हालाँकि सारा विवरण एक रजिस्टर में लिखना होता है, जो सहायक निर्देशक की जिम्मेदारी है। इस रजिस्टर को continuity book कहते हैं। इसमें continuity से संबंधित सारी बातें लिखी होती हैं और यह हमेशा शूटिंग/संकलन के समय पास रखनी होती है।

कोई बात भूल जाने की स्थिति में पुराना फ़िल्मांकन देखो और आगे बढ़ो या अंदाजा लगा कर आगे बढ़ जाओ। अब अगले sequence में उसी पात्र ने वही अँगूठी किसी और उँगली में पहन ली और शूटिंग पूरी हो गई। यह दो शूटिंग भले ही चार रोज के अंतराल के बाद हुई हों, लेकिन अन्त में सारे शॉट इकट्ठे आने हैं और क्रमवार घटनाओं का हिस्सा बनना है।

संकलन करते समय ये दोनों शॉट इकट्ठे लाए जाते हैं, तो ग़लती तत्काल पहचान ली जाती है। संकलक दुविधा में पड़ जाता है कि अब क्या करें। या तो शॉट्स ख़ारिज कर दें, या दुबारा शूटिंग करें, या बहुत छोटी भूल हो तो उसे बनाए रख कर आगे बढ़ जाएँ।

संकलन के समय संकलक के साथ निर्देशक भी होता है और वह सलाह/सूचनाएँ देता रहता है...कि शॉट्स आपस में कैसे मिलाए जाएँ, कौन-सा शॉट कहाँ रखें, दृश्य कैसा संकलित किया जाए आदि आदि। फिर भी संकलक का अपना योगदान होता है।

वह अपनी सृजनात्मक समझ तथा तकनीकी निपुणता के बूते बढ़िया दर्जे का संकलन कार्य कर दिखाता है।

बागडोर संकलक के हाथ में

पटकथाकार को यह भी ध्यान में रखना होगा कि भले ही अपनी निपुणता दर्शाते हुए वह पटकथा लिख रहा है, लेकिन अंतिम बागडोर संकलक के हाथ में है। पटकथाकार लिखेगा...

सुबोध और उसके पिता में खाना खाते समय गरमा-गरम बहस होती है। सुबोध जोश में आ कर खाना अधूरा छोड़ते हुए तैश में कमरे से बाहर चला जाता है।

लेखक ने जैसा-जैसा लिखा, जस की तस वह शूट हो गया। अब पूरे दृश्य को पुनः या संकलन के समय देखा जाता है। निर्देशक और संकलक महसूस करते

हैं कि इस दृश्य में सुबोध को पूरी तरह कमरे से बाहर निकलता हुआ न दिखा...इस हरकत तक ही दिखाते हैं...या इसके साथ अमुक शॉट जोड़ देते हैं, ताकि असर अधिक अनुभव हो।

वैसा ही होता है। पटकथाकार का लिखा अपनी जगह, संकलन के बाद अंतिम परिणाम अपनी जगह।

इस संभावना को पटकथाकार को ध्यान में रखना होगा। इस बात के लिए मानसिक तौर पर तैयार रहना होगा कि उसके लेखन के बाद कृति को दो और सीढ़ियों गुजरना है। परिणाम अच्छे भी हो सकते हैं, बुरे भी।

जो पटकथाकार फ़िल्मांकन और कृति निर्माण की विभिन्न अवस्थाओं, विभिन्न आयामों को समझते हैं, वे अपनी नज़र को पैनी बना सकते हैं...विभिन्न परिणामों को स्वीकार करने की उदारता बरत सकते हैं।

संकलन ऐसी कला है, जो नित नई तकनीक और संकलक की कल्पकता (imaginative capacity) के कारण कल्पना से बढ़कर प्रभाव दे सकती है। कई बार पटकथाकार के दृष्टिकोण से यह उच्चस्तरीय और मददगार साबित होती है।

लेखन संबंधी मानदंड आसानी से नहीं बदलते, किंतु तकनीकी मानदंड तेजी से बदलते हैं। जिस लेखन का स्वरूप तकनीक तय करती है, या तय करने में योगदान देती है, उस तकनीक की महत्ता को भी स्वीकार करना होगा।

कहानी लेखक और संवाद लेखक से अधिक इस सच्चाई को पटकथाकार को समझना होगा। वही तो इन तीनों में, दृश्य-श्रव्य विधा के अधिक क़रीब है।

संकलन की शैली स्थिति और व्याख्या बदल देती है

कथात्मक (fictional) कृतियों में तो इसकी गुंजाइश कम हो कि संकलक की चालबाजी के कारण स्थिति ही बदल जाए या स्थिति की व्याख्या ही बदल जाए।

ऐसा कहा जाता है कि फ़िल्में एडिटिंग टेबल पर बनती हैं। यहाँ फ़िल्मों से आशय केवल फ़िल्मों तक सीमित नहीं, बल्कि इसमें धारावाहिक, वृत्तचित्र, वीडियो रिपोर्टिंग, समाचार संकलन आदि का भी समावेश है। मुख्य बात यह नहीं कि किस कृति का संकलन किया जा रहा है, बल्कि यह कि किस मानसिकता के तहत किया जा रहा है।

टीवी रिपोर्टिंग या टीवी समाचारों की ही मिसाल लें। अहम सवाल यह है कि रिपोर्टिंग संबंधी शूटिंग किस एंगल से की गई है। अगर कहीं वारदात हुई है, और उसी वारदात के सारे एंगल आपको नहीं दिखाने हैं, तो आप अपनी मर्जीअनुसार शूटिंग कर लेंगे। वारदात स्थल पर उपस्थित सारे पात्रों को नहीं दिखाना चाहते, तो उस हिसाब से भी शूटिंग हो सकती है।

इसका दूसरा पहलू भी है। कैमरामैन बनाम टीवी रिपोर्टर ने पूरी निष्पक्षता और ईमानदारी से स्थल पर शूटिंग कर ली। शूट किया टेप उसने संकलक को सौंप दिया।

अब अगर संकलक निष्पक्षता न बरतना चाहे और उसके मन में स्थिति को नया मोड़ देने की इच्छा हो तो वह शूट किए हिस्से में से ख़ास एंगल के शॉट ग़ायब कर सकता है...या उसे कहीं और इस ढंग से जोड़ सकता है कि टेप देख कर कुछ और ही आभास हो...किसी का संबंध वारदात से जुड़े तो किसी का होशियारी से संदर्भ निकाल दिया जाए। इससे न केवल स्थिति उलट-पुलट हो सकती है, स्थिति की व्याख्या भी बदल जाती है।

संकलक संकलन टेबल पर अपनी मर्जी के अनुसार निर्णय ले सकता है। वीडियो समाचारों को लेकर यह रुख विवादास्पद और विस्फोटक भी साबित हो सकता है।

कथात्मक कार्यक्रम में ऐसी गुंजाइश नहीं रहती। वहाँ इस प्रकार की होशियारी बरतने की आवश्यकता भी नहीं रहती। हाँ संकलक चाहे तो 'कच्चे माल' से खिलवाड़ कर अपनी मंशा पूरी कर सकता है।

इस मंशा का परिणाम अच्छा भी निकल सकता है, बुरा भी। गंभीर या मज़ाकिया भी। कल्पकतापूर्ण, प्रतिभा का परिचायक या छिछोरा भी।

अध्याय सोलह

लागत के दृष्टिकोण से पटकथा लेखन

- सार्थक फ़िल्मों का बजट यथार्थवादी होता है
- निर्माताओं का एक वर्ग जोखिमों से खेलने में विश्वास करता है
- एक करोड़ की फ़िल्म बना 25 लाख कमाना और दस करोड़ की फ़िल्म बना ढाई करोड़ कमाना एक जैसा
- बजट बढ़ने के कई कारण होते हैं
- धारावाहिकों के बजट का हिसाब अलग होता है

फ़िल्म, धारावाहिक, वृत्तचित्र, विज्ञापन फ़िल्म के निर्माण पर पैसा लगानेवाला निर्माता होता है। जिस तरह व्यापार जगत में छोटे, बड़े, मंझोले व्यापारी होते हैं, उसी तरह निर्माता भी छोटे, बड़े, मंझोले होते हैं। कुछ निर्माता केवल फ़िल्में बनाते हैं, कुछ केवल धारावाहिक, कुछ दोनों भी। वृत्तचित्र और विज्ञापन फ़िल्मों की दुनिया अलग होती है। इन्हें निर्माण करनेवालों के उद्देश्य अलग होते हैं।

निर्माता रुचि के अनुसार भी बँटे होते हैं। हर निर्माता हर रुचि की या किसी भी विषय पर फ़िल्म, धारावाहिक नहीं बनाता। निर्माता की अपनी-अपनी जगह तय है। जिन्हें फ़िल्में या धारावाहिक बनवाने हों, वे पहले से ही सोच कर जाएँ कि अमुक निर्माता अमुक विषय पर ही और इतने ही बजट में फ़िल्म बनाना चाहेगा। धारावाहिक को लेकर बात थोड़ी अलग होती है।

कोई निर्माता सामाजिक विषय पर फ़िल्म बनाना पसंद करता है, कोई पारिवारिक विषय पर, कोई हिंसात्मक, कोई प्रेम कहानी पर, कोई रहस्यमय कथा पर आधारित, कोई हास्य प्रधान फ़िल्म बनाना चाहता है।

सार्थक या यथार्थवादी फ़िल्म जगत में रुचि या बजट के अनुसार बँटवारा कम दिखाई देता है। वहाँ एक ही मानदंड है...विषय पसंद आ जाए और यह मानकर चला जाए कि इस पर (यथार्थवादी) फ़िल्म बनानी है तो बाकी बातें गौण हो जाती

हैं। बजट ही यथार्थवादी होता है। वह पहले से लगभग तय होता है। ऐसा निर्माता मानसिक तौर पर तैयार रहता है कि उसे इतने पैसों की लागत से फ़िल्म बनानी है।

इसके विपरीत लोकप्रिय फ़िल्म जगत में बजट को लेकर कोई मानदंड नहीं है। एक निर्माता एक प्रेमकथा पर आधारित फ़िल्म डेढ़ करोड़ में बनाएगा, वहीं दूसरा निर्माता प्रेमकथा पर ही दस करोड़ लागत से फ़िल्म बनाएगा। कई बार तो पहले से तय बजट में भी लगातार बढ़ोतरी होती जाती है। लोकप्रिय फ़िल्म जगत में लागत एक अहम मुद्दा है।

एक और पहलू को समझें। कोई एक कहानी-पटकथा लेकर आप निर्माता के पास पहुँचे। निर्माता कहानी-पटकथा सुनने-पढ़ने के बाद कह देगा कि वह इस कहानी पर फ़िल्म नहीं बनाना चाहेगा। वजह यह है कि यह फ़िल्म केवल डेढ़ करोड़ में बनेगी, जबकि उसे आठ-दस करोड़ के बजट में फ़िल्म बनानी है।

लेखक दलील देगा–'तो इसी कहानी को आठ-दस करोड़ के बजट में बनाइए!'...लेकिन ऐसा होता नहीं है। कहानी-पटकथा पढ़ते ही अंदाजा लगाया जा सकता है कि यह फ़िल्म कितने लागत से बनेगी। माने कहानी-पटकथाएँ लागत के हिसाब से भी बँटी होती हैं। इसी नज़रिए से कहानीकार-पटकथाकार को लागत के दृष्टिकोण से अपनी कहानी तथा पटकथा लिखनी चाहिए, लिखनी होगी।

लागत के अनुसार बँटी कहानी-पटकथा

कुछ विषय मूलतः ऐसे होते हैं जिनकी लागत का अनुमान पहले से लगाया जा सकता है और यह अनुमान नियमतया सही होता है। कुछ विषय ऐसे हैं, जो गुब्बारे की तरह फूल सकते हैं, सिमट भी सकते हैं।

पारिवारिक कहानी ग़रीब परिवार की भी हो सकती है, मध्यमवर्गीय परिवार की और अमीर घराने की भी। सामाजिक कहानियों के बारे में भी ऐसा ही कहा जा सकता है।

बजट जो बढ़ता-घटता है, वह कहानी के आधार, उसकी नींव, उसकी पृष्ठभूमि को लेकर। इसके बाद उसकी बुनावट (treatment) को लेकर। अतः कहानीकार-पटकथाकार को पहले से ही दिमाग उस दिशा में चलाना होगा।

कहानीकार-पटकथाकार-निर्माता-निर्देशक का एक वर्ग वह है जिनकी मानसिकता ही उड़ाऊ, खर्चीली, भव्य, नवाबी किस्म की होती है। कोई काम कम पैसों में भी पूरा हो सकता हो तब भी इस वर्ग के लोग उस पर अधिक पैसा खर्च करेंगे।

ऐसे वर्ग की इच्छा होती है कि ज्यादा पैसा खर्च करो, ज्यादा पैसा कमाओ। इसके विपरीत एक ऐसा वर्ग है, जो कम लागत लगा कम पैसा कमाना चाहता है। एक करोड़ की फ़िल्म बना कर कोई निर्माता 25 लाख रुपए बतौर लाभ कमाता

है...दूसरी तरफ, दस करोड़ की फ़िल्म बनाकर वह निर्माता ढाई करोड़ कमाता है, तो प्राप्ति का अनुपात वही रहा।

फिल्म जगत में एक मान्यता के समर्थक कहते हैं कि कम लागत की फ़िल्में बनाते रहो और उन्हीं से थोड़ी-थोड़ी कमाई लेते रहो। लेकिन दूसरी मान्यता वाले कहते हैं कि खुली तबीयत से, खुले हाथ रखकर फ़िल्म बनाओ, भले ही पाँच साल में एक बार बनाओ।

दूसरे प्रकार का वर्ग ज़ोखिमों से खेलता है। अंत में महत्त्वपूर्ण नतीजा यही निकलता है कि फ़िल्म निर्माण से किसने कितना कमाया! यदि दस करोड़ की फ़िल्म बनाने के बावजूद एक पैसा न कमा पाया हो तो क्या हासिल हुआ! दूसरी तरफ एक या डेढ़ करोड़ की लागत से बनी फ़िल्म लगातार चलती है...नतीजतन निर्माता लाखों या करोड़ों कमाता है, तो यह अकल का सौदा साबित हुआ।

वास्तव में दलीलें अपनी जगह हैं, मानसिकता और रुझान अपनी जगह।

फ़िल्म में बजट बढ़ने-घटने के कारण

फ़िल्म की लागत दो तरीके से बढ़ती है। एक तो, कहानीकार-पटकथाकार ही ऊँची लागत की फ़िल्म लिखता है।

दूसरा कारण यह कि फ़िल्म में किस अभिनेता/अभिनेत्री को लिया जाना है, प्रमुख भूमिका में कौन-सा हीरो, कौन-सी हीरोइन, कौन-सा खलनायक आदि लिया जाना है। फ़िल्म जगत के बाज़ार में हर अभिनेता/अभिनेत्री की कीमत तय है। यह उनकी लोकप्रियता पर निर्भर करती है। लोकप्रियता के अनुसार यह अचानक बढ़ती भी है, घटती है।

प्रसिद्ध कलाकारों की कीमत को लेकर कुछ निश्चित नहीं कहा जा सकता। एक फ़िल्म लंबी अवधि से बन रही है। इसी दौरान इस फ़िल्म में अभिनय कर रहे हीरो की कोई और फ़िल्म रिलीज होकर लोकप्रिय हो गई, तो बाज़ार में उसका भाव बढ़ जाएगा। अब यह हीरो और निर्माता पर निर्भर करता है कि जिस फ़िल्म का निर्माण जारी है, उसे लेकर कैसा रुख अपनाया जाए।

फ़िल्म निर्माण के दौरान कई कारणों से लागत बढ़ जाती है। बड़े या बढ़ते बजट का यह भी एक कारण हो सकता है।

फ़िल्म बजट बढ़ने का एक और कारण लोकेशन है। प्रकृति लोनावला-खंडाला में भी है, ऊटी में, कश्मीर में भी, ऑस्ट्रेलिया तथा स्विटज़रलैंड में भी। जहाँ शूटिंग होगी, उस हिसाब से पैसा खर्च होगा। यह भी सवाल उठता है कि कितनी बार विदेशों में शूटिंग होगी, कितनी बार देश के अलग-अलग हिस्सों में।

लागत तब भी बढ़ती है, जब फ़िल्म निर्माण की अवधि बढ़ जाए। आपने फ़िल्म निर्माण हेतु छह माह या एक साल की समय सीमा तय की है। अब जिस

भी कारण से, लेकिन यह समय सीमा लगातार आगे बढ़ रही है तो लागत बढ़ेगी। जिस अनुपात में समय सीमा बढ़ती है, उसी अनुपात में लागत बढ़ती है। लोकप्रिय फ़िल्मों की दुनिया में समयावधि बढ़ती जाना कोई नई बात नहीं है।

शॉट दर शॉट बजट बढ़ता है

बजट कैसा बढ़ता है, यह आसान तरीके से भी समझा जा सकता है। हर शिफ्ट का एक तय खर्च होता है। लेकिन उस शिफ्ट में काम ज़्यादा हो तो कम लागत आएगी, काम कम हो तो लागत बढ़ जाएगी।

एक शॉट एक ही बार में लिया जा सकता है या उसके दस-पंद्रह-बीस-पचास रिटेक भी हो सकते हैं। मान लिया जाए कि शॉट के पचास रिटेक हुए...इसका मतलब उतने समय में केवल एक शॉट की फ़िल्म शूट हुई। अतः जितने रिटेक ज़्यादा, उतना अधिक समय बर्बाद।

अब रिटेक के भी कई कारण होते हैं। मुख्य अभिनेता ठीक से अभिनय नहीं कर पाता या साथ के कलाकार ठीक से अभिनय नहीं कर पाते या तकनीकी गड़बड़ी आ जाती है... वगैरह। इन कारणों की संभावनाएँ हमेशा बनी रहती हैं। लेकिन इसका असर समय और लागत पर पड़ता है।

कई निर्देशक निपुणता (perfection) में विश्वास करते हैं। अतः स्वयं की तसल्ली होने तक शॉट लगातार शूट करते रहते हैं। कई निर्देशक धीमी गति से काम करने के आदतन होते हैं, अतः लागत बढ़ती है।

लागत बढ़ने का एक कारण अनियमितता भी है। लोकप्रिय फ़िल्मों की दुनिया में अनियमितता आम बात है। शिफ्ट सुबह 9 से शाम 5 बजे तक की हो, लेकिन काम 9 बजे कभी शुरू नहीं होता। हो सकता है, यह दोपहर 2 बजे भी शुरू हो जितनी शिफ्टें बढ़ीं, उतनी लागत बढ़ी।

लागत का संबंध शॉट्स के स्वरूप, उनकी संख्या से भी है। शॉट जितना कठिन, उसे फ़िल्माने में उतना ही ज़्यादा समय लगेगा। लोकप्रिय शैली की फ़िल्मों में नए-नए कारनामे किए जाते हैं। इन कारनामों का माने है कठिन काम। कठिन शॉट लेते समय दिमाग से सोचना पड़ता है। पूरी सजगता से प्लान बनाकर उसे बखूबी अंजाम देना पड़ता है। कठिन शॉट आसानी से फ़िल्माए नहीं जा सकते, इसलिए लागत बढ़ जाती है। जितने अधिक कठिन शॉट, उतनी अधिक लागत। कठिन शॉट में अधिक लोग (प्लान तथा उसे अंजाम देने के स्तर पर) शामिल होते है। अतः बजट में बढ़ोतरी।

हर दो शॉट में कैमरे को अपनी जगह से हिलाना पड़ता है। इसका माने नई प्रकाश व्यवस्था करो। इसके तहत लाइट्स इधर से उधर हिलाने पड़ते हैं। इसमें समय लगता है। इस दौरान शूटिंग नहीं हो पाती। यह समय जितना लंबा होगा, उतने समय तक शूटिंग नहीं हो पाएगी। इसी कारण जिस दृश्य में अधिक से अधिक

शॉट होते हैं, उसे फ़िल्माने में अधिक से अधिक समय लगता है...अतः बजट भी बढ़ जाता है।

शॉट्स की संख्या का संबंध फ़िल्म की गुणवत्ता से

अधिक से अधिक शॉट्स यानी एक तरह से सूक्ष्मता से दृश्यांकन। इसे मिसाल के ज़रिए भी समझा जा सकता है—

एक स्त्री पात्र को चार वाक्य का संवाद कहना है। वह इस समय किचन में है। एक तरीका यह हो सकता है कि वह केवल किचन में ही रहे और उसे जो कुछ कहना है, कह दे। यह मोटा तरीका है...उसी तरह जैसे एक बड़ा-सा टमाटर उठाया और उसे जस का तस मुँह में ठूँस लिया।

दूसरा तरीका यह कि टमाटर के ज़रूरी टुकड़े किए जाएँ और उन्हें तमीज से खाया जाए। शॉट लेते समय स्त्री के संवादों को टुकड़ों में बाँटा गया और संवाद के हर हिस्से के साथ कोई हरकत जोड़ दी गई। अब स्थान भी एक से ज़्यादा यानी किचन के अलावा भी स्थान चुने गए। स्त्री किचन में प्लेट उठाते हुए कुछ कहेगी। फिर वह ट्रे हाथ में लेकर दूसरे कमरे में आएगी और संवाद का अगला हिस्सा कहेगी...ट्रे टेबल पर रखेगी और आगे कुछ कहेगी...इसी समय फोन की घंटी बजेगी या कॉलबेल बजेगी...वह उस ओर बढ़ते हुए अपने शेष संवाद कहेगी।

पहले तरीके में एक ही शॉट में सब कुछ हो गया। दूसरे तरीके में वे ही संवाद चार टुकड़ों में यानी चार शॉट्स में कहे गए। पहला तरीका घास काटना समझा जाता है। दूसरे तरीके में नफ़ासत से बात कही गयी। पहले तरीके में कैमरा केवल किचन तक सीमित था, दूसरे तरीके में चार लोकेशन पर शॉट लिए गए। क्रियाकलाप में भी बदलाव आया। दूसरा तरीका रोचक और विविधआयामी है।

ऐसा नहीं है कि दूसरे तरीके में अनावश्यक हरकतें कराई जाती हैं। दरअसल, सब कुछ तरतीबवार ढंग से, सहजता-स्वाभाविकता से, एक-दूसरे से कड़ी जोड़ते हुए सम्पंन्न हो जाता है। यह सूक्ष्म तरीका है और फ़िल्मांकन विज्ञान के अनुरूप।

चूँकि इस तरीके में कैमरा चार बार अपनी जगह बदलता है, समय और लागत में बढ़ोतरी हो जाती है।

यह निर्देशक पर निर्भर करता है कि एक दृश्य के वह कितने शॉट्स बनाए। इस संबंध में कोई अचूक नियम नहीं है। किंतु निर्देशक के दिमाग में कहीं यह बात ज़रूर होती है कि कुल बजट कितना है। उस हिसाब से वह अपनी 'सूक्ष्मताएँ' तय करता है। पूरी शूटिंग के समय बजट का ध्यान न रखा जाए तो कृति में असंतुलन दिखाई देता है। कुछ हिस्सा सूक्ष्मताओं से युक्त, तो कुछ हिस्सा ज़ल्दबाजी में फ़िल्मांकित।

फ़िल्म बनाते समय सूक्ष्मताओं का अधिक ध्यान रखा जाता है। क्योंकि फ़िल्म

का बजट वैसे भी बड़ा बजट होता है। उसमें शैली को लेकर थोड़े बहुत अंतर से खर्च में बहुत बढ़ोतरी नहीं होनी है। फिर फ़िल्म को क्लासिक और लंबी अवधि की श्रेणी में समझा जाता है। एक कृति एक ही बार बनती है...वह सालों बनी रहती है।

धारावाहिकों का बजट

धारावाहिकों के साथ यह बात नहीं है। धारावाहिक निर्माण के समय बजट की तलवार हमेशा लटकी रहती है। धारावाहिकों का बजट चैनल तय करते हैं। वे ही पैसा उपलब्ध कराते हैं। चैनल जितना लोकप्रिय, उसका बजट उतना ही ज़्यादा। लोकप्रिय चैनलों को उनके लोकप्रिय कार्यक्रमों के तहत अधिक विज्ञापन मिलते हैं। ज़्यादा कमाई के कारण चैनल निर्माताओं को धारावाहिक निर्माण हेतु पैसा देने की स्थिति में होते हैं। कम विज्ञापन पानेवाले चैनल ऐसा नहीं कर पाते। प्रादेशिक भाषा के चैनल और ही सस्ते में कार्यक्रम बनवाते हैं, क्योंकि कम विज्ञापनों के कारण उनकी कमाई कम होती है।

कुछ निर्माता अपनी मर्जी के अनुसार पैसा खर्च कर स्वयं धारावाहिक के कुछ एपिसोड बना लेते हैं फिर उन्हें उचित दामों में बेचने की कोशिश करते हैं।

ऐतिहासिक, पौराणिक, धार्मिक तथा कॉस्ट्यूम ड्रामा धारावाहिक बनाने में लागत ज़्यादा आती है। सामाजिक, पारिवारिक धारावाहिक कम बजट में बनते हैं। कई धारावाहिक एक ही फ्लैट या एक ही कमरे (drawing room) में चलते रहते हैं। एक ही लोकेशन होने के कारण लागत में कमी आती है।

धारावाहिक जगत में यह मान्यता है कि धारावाहिक या टेलीविजन कार्यक्रम दर्शक देखते चलते हैं और आगे बढ़ते रहते हैं। फ़िल्मों की तरह उन्हें बारबार, कई सालों तक नहीं देखा जाता। कुछ धारावाहिक ज़रूर ऐसे होते हैं जो अलग-अलग देशों में, चैनलों पर प्रसारित होते हैं। ऐसे धारावाहिकों को क्लासिक कृति के रूप में देखा जाता है।

बी.आर. चोपड़ा का 'महाभारत', रामानंद सागर का 'रामायण', डॉ. चंद्रप्रकाश द्विवेदी का 'चाणक्य', श्याम बेनेगल का 'भारत एक खोज', संजय खान के ऐतिहासिक धारावाहिक, कुछ अन्य पौराणिक, आध्यात्मिक, धार्मिक धारावाहिक क्लासिक श्रेणी की मिसालें हैं। उत्कृष्ट सामाजिक धारावाहिक भी इसी श्रेणी में आते हैं।

पौराणिक, धार्मिक, ऐतिहासिक धारावाहिक आम तौर पर एक बार के प्रसारण के लिए नहीं बनते-बनाए जाते। इनका मूल्य सालोंसाल टिका रहता है। इस प्रकार के धारावाहिक दूसरे देशों में भी दिखाए जाते हैं। देश देश में यह आदान-प्रदान चलता ही रहता है।

ऐसे धारावाहिक भी क्लासिक धारावाहिक माने जाते हैं। इन्हें बनाने में हड़बड़ाहट या कंजूसी से काम नहीं लिया जाता। निर्माता जानता है कि उसकी सारी

लागत निकल आएगी। एक प्रसारण से नहीं निकल पाएगी, तो वह किसी और देश के किसी और चैनल को बेचकर लागत निकाल लेगा।

ये धारावाहिक कैसेट तथा सी डी के रूप में भी उपलब्ध हो जाते हैं। कोई भी दर्शक इन्हें ख़रीद कर अपने वीडियो/सीडी प्लेयर पर देख सकता है। इनकी बाक़ायदा मार्केटिंग की जाती है।

इन सारे पहलुओं के मद्देनजर उल्लेखनीय धारावाहिकों की लागत हर हालत में निकल आती है। अतः ऐसे धारावाहिकों के निर्माता निर्माण संबंधी सूक्ष्मताओं का ध्यान रख कर, बजट की चिंता न करते हुए धारावाहिक बनाते हैं।

अभ्यास से कहानीकार और पटकथाकार भी समझ पाता है कि किस प्रकार के लेखन को कितने बजट की ज़रूरत होगी।

इस हेतु तैयारी दोनों स्तर पर होनी चाहिए...कहानी तथा पटकथा के स्तर पर।

कहानी में ही मूलतः भव्यता के बीज हों तो पटकथा में भव्यता खुद ब खुद आ जाएगी। ऐसी पटकथा बनावटी नहीं लगेगी। कहानी एक सीमित दायरे की हो...उस पर भव्य पटकथा लिखने की कोशिश करना, एक प्रकार की बनावट को जन्म दे सकती है।

भव्यता निर्माण के समय भी अपनाई जा सकती है। किंतु तभी, जब कहानी तथा पटकथा में उसके लिए आधार तैयार कर दिए गए हों।

अध्याय सत्रह

वन लाइनर

- वन लाइनर यानी बिना संवाद संक्षिप्त दृश्यमय कहानी
- वन लाइनर से कहानी की एक झलक मिल जाती है
- समयाभाव के कारण कई बार यह रास्ता अपनाया जाता है
- वन लाइनर न अधूरा हो न लंबा

कथा, पटकथा और संवाद को मिलाकर एक संपूर्ण आलेख बनता है। यह सारे विवरणों के साथ एक लंबा दस्तावेज होता है। इस पर जिल्द चढ़ाई जाए तो मानो यह एक क़िताब बन जाती है। आलेख बन जाने पर फिर और कोई लेखन नहीं होता।

कई बार निर्माता, निर्देशक या स्वयं लेखक इस गहराई में नहीं जाना चाहता। लेकिन वह कहानीमय पटकथा का संक्षिप्त रूप चाहता है। अतः वह वन लाइनर तैयार करने-करवाने की इच्छा करता है। चूँकि यह 'वन लाइन' में होती है, अतः वन लाइनर।

वन लाइनर यानी बिना संवाद संक्षिप्त दृश्यमय कहानी।

कहानी और पटकथा जब स्वतंत्र रूप से लिखी जाती हैं, तो वे अपनी विधा के अनुसार और अनुरूप अपना अस्तित्व बनाए रखती हैं। यानी कहानी, छोटी हो या बड़ी, पूर्णतः पटकथा का आभास नहीं देती। उसी तरह पटकथा शतप्रतिशत लिखित कहानी नहीं होती, लेकिन वह अपने आप में पूर्ण होती है।

वन लाइनर में इन दोनों को इकट्ठे किया जाता है। दूसरे शब्दों में एक-दो लाइनों में पूरा दृश्य लिख लिया जाता है। इसमें संवाद नहीं होते।

ये दृश्य क्रमवार लिखे जाते हैं। इस तरीके से निर्माता या निर्देशक समझ जाता है कि पूरी फ़िल्म का दृश्यमय संक्षिप्त रूप कैसा होगा।

पहले कहीं लिखे गए दो विवरणात्मक दृश्यों के वन लाइनर देखिए—

दृश्य 1: आदर्शवादी युवक सुबोध का कॉलेज का दृश्य! यहीं पता चलता है कि सुबोध आदर्शवादी है और इसी कारण उसी कॉलेज में पढ़

रही सुषमा उससे प्रभावित होती है...प्रेम का बीज पनपने लगता है।

दृश्य 2: कॉलेज का ही दृश्य। शाम में सुषमा अलग से सुबोध से मिलती है। वह सुबोध से काफी जानकारी हासिल करती है।

दृश्य 3: सुबोध के पिता को सुबोध का रुख पता चलता है। उसी रात घर पर पिता सुबोध को खरी खोटी सुनाते हैं...माँ सुबोध का पक्ष लेती है; मामला ठंडा पड़ जाता है।

दृश्य 4: कॉलेज जाते हुए रास्ते पर अचानक सुषमा और सुबोध की मुलाकात हो जाती है। सुबोध नज़रें चुराकर निकल जाना चाहता है, लेकिन सुषमा उसे पकड़ लेती है। सुषमा सुबोध के विचारों का समर्थन करती है।

दूसरे दृश्य का वन लाइनर देखें–

दृश्य 1: शहर से ट्रनिंग ले कर लौटा अजय गाँव के अपने घर आता है। माता-पिता तथा बड़ी बहन खुश हैं।

दृश्य 2: रात का समय, माँ बड़े प्यार से अजय को खाना खिला रही है। पास बैठे पिता और बहन अजय के शहरी अनुभवों को बड़ी दिलचस्पी से सुन रहे हैं।

दृश्य 3: रात का ही समय, पूर्वदृश्य (फ्लैश बैक) के ज़रिए अजय को शहर की वह स्त्री याद आ रही है, जिसके घर अजय छह माह किराएदार के रूप में रहा और जिसने अजय को अपनी संतान जैसा प्यार दिया। मोंटाजेस के जरिये अजय को स्त्री की कुछ और यादें सताती हैं।

दृश्य 4: आधी रात बीत गई; फिर भी अजय बिस्तर पर करवटें ही बदल रहा है।

दृश्य 5: अजय तड़के सुबह जग जाता है और शहर की उस स्त्री को पत्र लिखने बैठ जाता है।

दृश्य 6, 7, 8, 9, 10, 11...

वन लाइनर लिखने का कारण

वन लाइनर से निर्माता-निर्देशक-लेखक को कहानी की एक झलक मिल जाती है। वे सोच पाते हैं कि कहानी अपने पूरे विवरण के साथ किस दिशा में बढ़ेगी।

समयाभाव के कारण कई बार यह रास्ता अपनाया जाता है। कई बार निर्माता या निर्देशक कहानी सुनने के लिए लंबा समय नहीं निकाल पाता। लेखक को भी यह शाश्वती नहीं होती कि उसकी लिखी पूरी स्क्रिप्ट की आवश्यकता निर्माता निर्देशक को है या नहीं। कई निर्माता निर्देशकों का रुझान एक ख़ास प्रकार की कृति बनाने

के प्रति होता है। यदि पारिवारिक कृति बनानेवाले कृतिकार को ऐतिहासिक स्क्रिप्ट सौंप दी जाए तो उसके लिए उस कहानी का कोई मायने नहीं है। लेखक का भी समय जाया होता है।

वन लाइनर सुनने पर रुचि दिखानेवाला निर्माता-निर्देशक कुछ सुझाव दे सकता है। विवरणात्मक पक्के आलेख के पहले कच्चे आलेख में सारी तैयारियाँ पूरी कर ली जाएँ तो समय और मेहनत की बचत होती है।

वन लाइनर के हर दृश्य का वर्णन न अधूरा हो न लंबा। सुनने पर मन में एक कल्पना ज़रूर उभरनी चाहिए।

अध्याय अठारह

दृश्य की लंबाई

- एक कृति में कितने दृश्य हों, इसका तय सिद्धान्त नहीं है
- जब दिखाकर 'सुनाया-समझाया' जा सकता है, वहाँ अनावश्यक शब्द क्यों?
- दृश्य में एकरसता को टाला जाना चाहिए
- एक दृश्य लिखते समय लेखक को तीन दृश्य नज़रों के सामने रखने चाहिए—यह दृश्य, पिछला और आनेवाला

एक फ़िल्म में दृश्य कितने हों इसका कोई लिखित नियम नहीं है। यह इस बात पर निर्भर करता है कि निर्माता-निर्देशक फ़िल्म की लंबाई कितनी रखना चाहता है। भारतीय फ़िल्में लंबी होती हैं जबकि विदेशी फ़िल्में छोटी। हमारे यहाँ की पुरानी फ़िल्में दो-ढाई-तीन घंटे की भी बनती थीं। फ़िलहाल नियमतया इतनी लंबी फ़िल्में नहीं बनतीं।

टेलीविजन धारावाहिकों में कितने दृश्य हों, इसका तो कोई हिसाब नहीं लगाया जा सकता। आजकल धारावाहिकों की लंबाई का कोई ठिकाना नहीं हैं। बस, दृश्य दर दृश्य धारावाहिक चलते रहते हैं।

जिस तरह एक कृति में कितने दृश्य हों, इसका तय सिद्धांत नहीं है, उसी तरह यह भी तय नहीं होता कि अपने आप में एक दृश्य कितना लंबा हो।

हाँ, यह जरूर कहा जा सकता है कि दृश्य न इतना छोटा हो कि कही जानेवाली बात अधूरी रह जाए, न ही इतना लंबा कि दृश्य/प्रसंग खींचे जाने का आभास हो।

यह अभ्यास का प्रश्न है, और इस बात पर निर्भर होता है कि प्रसंग कैसा है, दृश्य के माध्यम से क्या दिखाया जा रहा है, क्या बात होनी है।

दृश्य के भीतर एक प्रकार का संतुलन होना चाहिए। यह संतुलन कई मामलों में...कई स्तरों पर होना चाहिए। देखना चाहिए कि दृश्य में शब्द और दृश्य का अंश कितना है।

एक दृश्य में केवल लंबा भाषण रख दिया जाए तो दर्शक, दर्शक नहीं रह

पाएँगे, वे श्रोता बन जाएँगे...फिर दृश्य की भी तो अपनी भाषा होती है। जो दिखाकर 'सुनाया-समझाया' जा सकता है, वहाँ अनावश्यक शब्द क्यों?

भाषण तो शब्दों का अतिरेक है। यदि संवाद ही सुनने में किसी की रुचि न हो, वह संवादों की लड़ी यानी भाषण क्यों सुनना चाहेगा...ख़ासकर भाषण में कही गई वे बातें जो सालोंसाल, मौके-ब-मौके हम सुनते ही आ रहे हैं।

संवादों/शब्दों का आधिक्य या भाषणबाजी से दृश्य पर एक और विपरीत असर पड़ता है। जब अलग-अलग दृश्य दिखाने जा रहे हों...इसी का अर्थ नज़रों के सामने के दृश्य बदल रहे हैं। लेकिन किसी को लगातार बोलता हुआ दिखाया जा रहा है, इसका मतलब कैमरा उसी व्यक्ति पर टिका हुआ है और आप एक ही व्यक्ति को देख रहे हैं (इसके बावजूद कि सुन भी रहे हैं)। यह अव्यावहारिक होगा कि बोल एक रहा है और दृश्य में कैमरा कई प्रकार की चीजें दिखा रहा है।

दृश्य में एकरसता टालें

दृश्य में एकरसता को टालना चाहिए। एकरसता का माने है एक ही चीज बार-बार दिखाना, क्रमवार दिखाना या एक तत्त्व से मिलती-जुलती चीज बार-बार दिखाना।

आप अपने मित्र के साथ बातचीत कर रहे हैं, लेकिन वह हमेशा कान खुजाता रहता है, तो आप खीझ जाएँगे। या फिर आपका मित्र शरीर का एक न एक अंग खुजाता ही रहता है, तो भी आप खीझ जाएँगे। दोनों प्रकार की हरकतें अस्वीकार्य हैं। अगर पात्र-विशेष की यह आदत ही है तो बात अलग है। लेकिन फिर यह विशेषता चरित्रीकरण में स्पष्ट हो जानी चाहिए।

दृश्य में दिखाए जा रहे रंग, पृष्ठभूमि, प्रकृति, दीवार, पेड़, छत हमेशा एक जैसे हों तो ये एकरसता निर्माण करते हैं। एक-दूसरे से मिलती-जुलती हों तब भी एकरसता निर्मित होती है। दर्शक इन बातों से विचलित हो जाता है।

एक ही पात्र, एक ही घर, एक ही तत्त्व के इर्द-गिर्द दृश्य घूम रहे हों, फिर भी एकरसता टाली जा सकती है। किन्तु यह भी ध्यान में रखना होगा कि पात्र एक हो, घर या प्रकृति एक हो, फिर भी दुनिया के कई तत्त्वों से उसका वास्ता आता है; अतः विभिन्नता तो आनी ही है। जैसा कि कहा गया है, यह बात अलग है कि किसी पात्र का कोई तकिया क़लाम होता है या उसकी कोई आदत, जो वह बार-बार दुहराता है।

तीन दृश्य नज़र के सामने हों

दृश्य लिखते समय देखा जाना चाहिए कि पिछले दृश्य को कैसा लिखा गया...और इसके बाद लिखा जानेवाला दृश्य कैसा होगा। यानी एक दृश्य लिखते समय लेखक को हमेशा तीन दृश्य अपनी नज़रों के सामने रखने चाहिए। इससे पुनरावृत्ति के दोष

से बचा जा सकता है। वरना एक दृश्य में लिखी हुई बातें, भूलवश प्रत्यक्ष-अप्रत्यक्ष अगले दृश्य में भी दुहराई जा रही हैं तो यह भी एकरसता है।

उक्त बात का ध्यान लेखक को पूरी कृति के लेखन के समय रखना चाहिए। वरना, संतुलन बिगड़ेगा, एक ही प्रकार की बात दो बार कह दी जाएगी जबकि कोई नई बात कहने का मौका नहीं मिलेगा। इन दोषों से कहानी का प्रवाह खंडित होता है।

दृश्य-श्रव्य माध्यम प्रदर्शनकारी कला है। इसके कई स्तम्भ हैं। सभी स्तम्भ महत्त्वपूर्ण हैं और स्वतंत्र रूप से कोई बात कह सकते हैं। लेखक को इसका लाभ मिलता है। दृश्य लिखते समय लेखक को इस लाभ को भुनाना चाहिए।

अध्याय उन्नीस

दृश्य को शॉट्स में बाँटना

- शॉट कृति की सबसे छोटी इकाई है
- शॉट केवल एक तकनीक नहीं, इससे कलात्मकता जुड़ी है
- हर शॉट का कोई अर्थ है, वे यूँ ही नहीं शूट कर लिये जाते

जिस तरह पूरी कृति दृश्यों में बँटी होती है, उसी तरह दृश्य विभिन्न शॉट्स में बँट जाता है। अतः शॉट पूरी कृति की सबसे छोटी इकाई (unit) है।

इसे आसान शब्दों में भी समझा जा सकता है। एक ही जगह पर कैमरा रखकर जितना हिस्सा शूट किया जा सकता है, उतना हिस्सा एक शॉट कहलाएगा। जैसे ही कैमरे की जगह बदली, वह दूसरा शॉट हुआ।

कैमरे का एंगल बदलना और कैमरे की जगह बदलना अलग-अलग बात है। मान लिया जाए कि आपने कैमरा कमरे के बीचों-बीच स्टैंड पर रखा। स्टैंड का ऊपरी हिस्सा, जिसे हिलाया जा सकता है, उसी पर कैमरा रखा जाता है। अब आप (स्टैंड को न हिलाते हुए) कैमरे को ऊपर-नीचे दाएँ-बाएँ सब तरफ हिला रहे हैं। इस प्रकार आप जितना भी फ़िल्मांकन कर लेते हैं, वह एक ही शॉट माना जाता है। ऐसी स्थिति में कैमरे का एंगल बदल रहा है, कैमरे की (स्टैंड की) जगह नहीं बदल रही है। ऐसा शॉट लंबा भी हो सकता है, छोटा भी।

लेकिन जैसे ही आपने स्टैंड की जगह बदली और नई जगह से शूट किया, वह नया शॉट कहलाएगा। इस तरह आप एक ही कमरे में बार-बार कैमरे की जगह बदल कर कई शॉट्स ले सकते हैं।

एक एंगल का शॉट

एक एंगल का भी एक शॉट हो सकता है; बशर्ते कि निर्देशक ऐसा चाहे। मिसाल के तौर पर कमरे में कैमरा स्टैंड पर रख दिया गया। अब कैमरा एक ही जगह स्थिर है, लेकिन घूमते स्टैंड पर रखे कैमरे से आपने खिड़की को शूट किया...अब केवल

कैमरे का एंगल बदला यानी कैमरे को घुमाया और दरवाजे को शूट किया...इस तरह छत और दीवार को भी। कहने के लिए यह एक ही शॉट हुआ, लेकिन एंगल के हिसाब से इस शॉट को विभिन्न भागों में बाँट दिया जाए तो हर भाग एक स्वतंत्र शॉट बन जाएगा। मसलन एक शॉट खिड़की का, एक शॉट दरवाजे का, एक छत का, एक दीवार का...

आम तौर पर ज़रूरत होने पर ही ऐसा किया जाता है, वरना मोटे तौर पर शॉट वही माना जाता है, जो कैमरे को एक जगह रखकर लिया जाता है।

शॉट एक कलात्मक प्रयास

शॉट केवल एक तकनीक नहीं है, इससे मूलतः कलात्मकता जुड़ी हुई है।

शॉट का संबंध निर्देशक से है लेकिन इसके महत्त्व को लेखक को भी समझना चाहिए। शॉट अगर कलात्मकता का पर्याय है तो उसे माध्यम में काम कर रहे हर कलाकार और तकनीशियन को खूबियों सहित जानना होगा।

लेखक शॉट की खूबियों को समझ ले तो वह ऊपरी तौर पर सोच सकता है कि उसका लिखा दृश्य कैसा उभरकर आएगा। यह उसी तरह है कि लिखते समय आप 'देख' भी रहे हैं। जब लेखक को दृश्य दिखने लगेगा तो वह तय कर पाएगा कि उसे प्रभावी ढंग स दृश्य कैसा लिखना चाहिए...कहाँ शुरू करना चाहिए, कहाँ ख़त्म।

दृश्य की पृष्ठभूमि कैसी हो ताकि निर्देशक उसका फ़ायदा उठा सके। किस चीज को निर्देशक किस प्रकार से शूट करेगा, ताकि उसकी लिखी बातों को महत्त्व मिले। वरना लेखक बस लिखता ही जाए, वर्णन ही करता जाए लेकिन निर्देशक के लिए उस लेखन/वर्णन का कोई माने न हो तो ऐसे लेखन का क्या फ़ायदा!

शॉट के प्रकार

शॉट के कई प्रकार होते हैं; मसलन क्लोज अप, क्लोज शॉट, मिड शॉट, लाँग शॉट, एक्स्ट्रीम लाँग शॉट, जूम इन-जूम आउट, टिल्ट अप-टिल्ट डाउन, एरियल शॉट, ट्रेकिंग बनाम ट्राली शॉट, हाई एंगल-लो एंगल, क्रेन शॉट, पैन शॉट आदि आदि।

इन्हें विस्तार से समझें–

क्लोज अप : जब कोई चीज बहुत स्पष्ट दिखानी हो, तो क़रीब (close) से शॉट लिया जाता है। पात्र के चेहरे पर उभरी प्रतिक्रिया दिखाने के लिए क्लोज अप का सहारा लिया जाता है। क्लोज अप ख़ास तौर पर लिए जाते हैं, क्योंकि पात्रों की प्रतिक्रियाएँ तो दिखानी ही पड़ती हैं। इसे आप reaction shot भी कह सकते हैं। शूटिंग के दौरान बीच-बीच में या अलग से close up (c. u.) लिए जाते हैं।

क्लोज अप को और स्पष्ट तथा सूक्ष्म बनाने के लिए एक और सीढ़ी आगे बढ़ा जाता है। इसे एक्स्ट्रीम क्लोज अप (extreme close up) कहा जाता है।

मानव चेहरे के अलावा दीगर किसी वस्तु या प्राणी के अंग विशेष को सूक्ष्मता से दिखाना हो तो भी क्लोज अप का सहारा लिया जाता है।

क्लोज शॉट : जिस तरह close up को और सूक्ष्म बना दो तो एक्स्ट्रीम क्लोज अप बन जाएगा, उसी तरह क्लोज अप को और फैला दो तो क्लोज शॉट (close shot, c. s.) बन जाएगा। जब तत्त्व को क़रीब से और साफ दिखाना है, लेकिन क्लोज अप का सहारा नहीं लेना है, तो clsoe shot बना दिया जाता है।

इंसर्शन incertion : यह भी उपर्युक्त स्थिति से मिलता-जुलता एक प्रकार है। अंग्रेजी incert यानी जोड़ना, शामिल करना। किसी दृश्य में किसी चीज को महत्त्वपूर्ण ढंग से दिखाना हो, तो लिखा/कहा जाता है—incert। उस चीज का क्लोज अप लेकर दर्शायी गयी जगह दृश्य में डाल दिया जाता है। यह (महत्त्वपूर्ण) वस्तु टेलर मास्टर की कैंची, हत्यारे का चाकू, लेखक की कलम, जानवर का चेहरा, तिरंगा झंडा...कुछ-कुछ भी हो सकता है।

मिड शॉट : मिड शॉट (mid shot, m. s.) मध्यम आकार का होता है। क्लोज शॉट के बाद की विस्तृत स्थिति यानी मिड शॉट। एक कमरे में और भी लोग हैं, लेकिन दो व्यक्ति अलग से किसी कोने में बात कर रहे हैं। यहाँ मिड शॉट का इस्तेमाल हो सकता है। एक बड़े वातावरण के एक हिस्से विशेष को दिखाने के लिए मिड शॉट लिया जाता है।

लाँग शॉट : अगली स्थिति यानी Long shot (l. s.) । लाँग शॉट में चीजें सूक्ष्मता से दिखाई नहीं जातीं; बाल्कि उनका स्थूल परिचय हमें मिल जाता है। दो या तीन पात्रों में बातचीत तो कहीं भी हो सकती है। लेकिन हम अगर दिखाना चाहें कि वह स्थान कौन-सा है, वातावरण कैसा है, वहाँ का मूड कैसा है, अमीरी टपक रही है या ग़रीबी वगैरह वगैरह तो हम व्यापकता और विस्तार का सहारा लेते हैं। यह लाँग शॉट के ज़रिए दिखाया जा सकता है।

मिड लाँग शॉट : यह मिड और लाँग शॉट के बीच की स्थिति है। कई लोग इस प्रकार के विभाजन को महत्त्व नहीं देते और इसे दिमागी कसरत बताते हैं।

एक्स्ट्रीम लाँग शॉट : लाँग शॉट जब बहुत दूरी से लिया जाए तो वह extreme बन जाता है, यानी वह extreme long shot। दूर से गुजरती ऱेलगाड़ी, आसमान, बहुत दूर से आते घुड़सवार वगैरह वगैरह एक्स्ट्रीम लाँग शॉट के उदाहरण हैं।

इस बात को भी समझना होगा कि सिनेमा तथा टेलीविजन दोनों भले ही दृश्य-श्रव्य माध्यम के अंग हैं। लेकिन दोनों की तकनीक और स्वरूप में अंतर भी है। सिनेमा में लाँग तथा एक्स्ट्रीम लाँग शॉट का महत्त्व है लेकिन टेलीविजन में नहीं।

चूँकि टेलीविजन में नियमतया क़रीब-क़रीब का ही माहौल होता है, अतः वहाँ क्लोज तथा मिड शॉट को ही अधिक महत्त्व प्राप्त है।

मास्टर शॉट : यह परिचयात्मक शॉट होता है। इससे वातातरण और क्रियाकलापों का मोटे तौर पर परिचय होता है। मान लो कि पाँच परिवार सदस्य डायनिंग टेबल पर इकट्ठे खाना खा रहे हैं...उनमें बातचीत चल रही है यह पूरा दृश्य/वातावरण दिखानेवाला एक विस्तृत शॉट ले लिया जाए। यह मास्टर शॉट कहलाता है। अब खाना खाते हुए इन्हीं पाँच सदस्यों में से दो में किसी मसले को लेकर हुज्जतबाजी हो रही है, तो उससे संबंधित मिड शॉट, क्लोज शॉट, क्लोज अप ले लो। बीच में ये शॉट मास्टर शॉट में डाल दो। अतः दर्शक को पता चल जाएगा कि परिवार के पाँच सदस्य खाना खा रहे हैं। उनमें से दो में किसी विषय पर हुज्जतबाजी हो रही है। (क्लोज अप के ज़रिए) वे अपना गुस्सा आदि प्रतिक्रिया प्रकट कर रहे हैं।

इस तरह कहानी/दृश्य में अलग-अलग (परिचयात्मक) मास्टर शॉट्स होते हैं।

हर दृश्य विभिन्न प्रकार के शॉट्स से बनता है। इससे दृश्य तरह-तरह से सूक्ष्म और खूबसूरत बनता है। शॉट्स के प्रकार में संतुलन होना ज़रूरी है। दृश्य में निहित तत्त्व/बातों को लेकर तय किया जाता है कि किस जगह कैसा शॉट लिया जाएगा।

केवल मास्टर शॉट्स के ज़रिए कहानी को आगे बढ़ाने का मतलब है एक आसान और मोटा तरीका अपनाना। इससे निर्देशक की फनकारी का भी पता नहीं चलता।

कई बार बजट कम हो तो मास्टर शॉट की भरमार कर दी जाती है। यानी थोक भाव में चीजें देखो और आगे बढ़ो।

पैन शॉट : कैमरा एक ही जगह रखा जाए लेकिन उसे अपनी धुरी (axis) पर बाएँ या दाएँ घुमाकर शॉट लिया जाए तो वह पैन शॉट कहलाता है।

एक पात्र बाईं ओर खड़ा है, दूसरा दाहिनी ओर। दोनों बातचीत कर रहे हैं। जब बायाँवाला बोल रहा होगा तो कैमरा उस पर केंद्रित होगा...जैसे ही दाहिना पात्र बोलने लगेगा, कैमरा घूमकर उस पर केंद्रित हो जाएगा। दाएँ-बाएँ रखी दो वस्तुओं को दिखाने के लिए भी पैन शॉट लिया जाता है। जैसे हम दाएँ-बाएँ अपनी आँख घुमाते हैं, वैसे कैमरा घूमेगा।

कैमरा कितना घूमेगा यह शॉट की ज़रूरत और निर्देशक की इच्छा पर निर्भर करता है। कैमरा पूरी तरह गोल भी घूम सकता है; यानी 360 डिग्री।

टिल्ट अप-टिल्ट डाउन : जब कैमरा समानांतर बाएँ-दाएँ घूमेगा तो पैन शॉट होगा, लेकिन अपनी ही धुरी पर जब कैमरा नीचे-ऊपर होगा तो उसे क्रमशः टिल्ट डाउन (Tilt down) तथा टिल्ट अप (Tilt up) कहा जाएगा। यानी कैमरा वहीं रखो और ऊपर की चीज दिखाओ और कैमरा झुका कर नीचे की चीज दिखाओ।

अब टिल्ट अप-टिल्ट डाउन के साथ पैन शॉट जोड़ दो, तो कैमरा जिधर चाहे उधर घुमा दो। लेकिन शब्दावली बदल जाएगी...'टिल्ट एंड पैन' ऐसा कहा जाएगा। यह टिल्ट ऊपर भी हो सकता है नीचे भी।

ऊपर से एक लड़ाकू विमान क़रीब आ रहा है। उसे कैमरे की बाईं दिशा में स्थित किसी लक्ष्य पर बमबारी करनी है। आपको यह पता है...आप कैमरा टिल्ट अप कर लड़ाकू विमान दिखाएँगे, फिर टिल्ट डाउन कर बाईं ओर 'लक्ष्य' की ओर पैन कर देंगे। इस शॉट के साथ संवाद जुड़ जाए तो अर्थ निकल आएगा कि आ रहा लड़ाकू विमान (बाएँ) लक्ष्य पर बमबारी करेगा।

एरियल शॉट : जब उड़ते हेलीकॉप्टर की ऊँचाई से शॉट लिया जाता है तो एरियल (Aerial) शॉट होता है।

क्रेन शॉट : क्रेन पर कैमरा रख कर शॉट लिया जाए तो क्रेन (Crane) शॉट कहलाता है। क्रेन ऊपर नीचे होती रहती है; अतः जिस भी ऊँचाई से शॉट लेना हो ले लिया जाता है।

ट्रेकिंग/ट्राली शॉट : ट्राली पर कैमरा रखा जाता है और पात्र या लक्ष्य के इर्द-गिर्द घूमकर शॉट लिया जाता है। यह चलते पात्रों या लक्ष्य से समानांतर दूरी बनाए रखकर भी लिया जाता है। इसे trekking या फिर trolley shot कहते हैं।

हाई या टॉप एंगल शॉट : कैमरा ऊँचाई पर रखकर नीचे का शूट करना हाई/टॉप एंगल (High/Top angle) शॉट होता है। कैमरा नीचे रखो और ऊपर का कुछ शूट करो तो लो एंगल (Low angle) शॉट हो जाता है।

ओवर द शोल्डर शॉट : यह स्थिति वैसी ही है जैसे 'एक के कंधे पर बंदूक रखकर दूसरे पर गोली चलाना'। बंदूक भी शूट करती है और कैमरा भी। जब दो पात्र बात कर रहें हो तो एक के कंधे के आसपास कैमरा रखकर सामनेवाले पात्र को शूट करना; फिर उस पात्र के कंधे के आसपास कैमरा रखकर इस बोलने वाले पात्र को शूट करना। यह तरीका आम तौर पर दो पात्रों की आपसी बातचीत के दौरान अपनाया जाता है। इसे Over the shoulder shot कहते हैं।

हेड एंड शोल्डर शॉट : यह शॉट भी ऊपरी शॉट से मिलता-जुलता है। केवल एक पात्र जब बोल रहा होता है, तब भी यह तरीका अपनाया जाता है। इस शॉट में पात्र का केवल सिर तथा कंधा दिखाई देगा...इसीलिए इस शॉट को Head and shoulder shot कहते हैं।

वास्तव में उपर्युक्त दोनों शॉट क्लोज शॉट के ही प्रकार हैं।

दृश्य-श्रव्य माध्यम में नए-नए मुहावरे, तकनीकी शब्दावली, वाक् प्रचार के तरीके प्रचलित होना कोई नई बात नहीं है। एक तो दिनोंदिन नई-नई तकनीकें आ रही हैं। दूसरे, दृश्य-श्रव्य माध्यम की विधाओं में (सिनेमा, टेलीविजन, वृत्तचित्र, विज्ञापन

क्षेत्र में) लोग/प्रतिभाएँ जुड़ती ही जा रही हैं। विभिन्न प्रयोग हो रहे हैं। अतः नए शब्द गढ़े जाना कोई अजूबा नहीं है।

दृश्य-श्रव्य कला केवल शिक्षा संस्थानों में ही नहीं पढ़ी जाती; एक से दूसरा इस कला को ग्रहण करता है। अतः बोलचाल की, व्यावहारिक भाषा का अपना महत्त्व है, योगदान भी।

दृश्य-श्रव्य माध्यम देखने-दिखाने का माध्यम है; इसका मतलब यह नहीं कि जैसा सामने दिख रहा है, वैसा कैमरे से शूट कर लो। यह भी एक अंदाजे-बयाँ है। आपका बयान करने का तरीका जितना असरदार तथा अनोखापन लिए होगा, आपकी कृति को पसंद किया जाएगा। इतने तरीके, इतनी तकनीकें जो ईज़ाद की जाती हैं, वे इसीलिए ताकि कृति में प्रभाव पैदा हो।

शॉट लेने का संबंध प्रभाव पैदा करने से है!

अध्याय बीस

सबटाइटल्स

- सबटाइटलिंग उन्हीं दर्शकों के लिए है जो पढ़-लिख पाते हैं
- वृत्तचित्र के क्षेत्र में सबटाइटलिंग का बहुत फ़ायदा हो रहा है
- सबटाइटलिंग का अनुवाद कार्य आम अनुवाद कार्य से अलग होता है
- अंतरराष्ट्रीय फ़िल्मोत्सव के प्रतियोगिता श्रेणी में वे ही फ़िल्में स्वीकार की जाती हैं जो मूलतः अंग्रेजी में हों या अंग्रेजी में डब की गयी हों या अंग्रेजी सबटाइटल्स सहित हों

एक भाषा का साहित्य दूसरी भाषा के पाठक पढ़ना चाहें तो पाठक की भाषा में साहित्य का अनुवाद किया जाता है। एक भाषा में बनी फ़िल्म या धारावाहिक या अन्य सेल्युलाइड कृति दूसरी भाषा के दर्शक देखना चाहें तो? उनके लिए दो तरीके अपनाए जाते हैं–

एक सबटाइटलिंग sub-titling, दूसरा डबिंग dubbing.

सबटाइटलिंग के तहत परदे पर उस भाषा के संवाद/वाक्य अंकित होते हैं, जिस भाषा में अनुवाद होना है।

यानी फ़िल्म/धारावाहिक/वृत्तचित्र परदे पर चलते रहते हैं, पात्रों की मूलभाषा भी सुनाई देती है...लेकिन पात्र जो बोल रहे हैं, उसका संक्षिप्त विवरण/आशय परदे के निचले हिस्से में लिखा दिखाई देता है।

यह कला विज्ञापनी फ़िल्म में नहीं अपनायी जाती। विज्ञापनी फ़िल्म में डबिंग का तरीका अपनाया जाता है।

सबटाइटलिंग उन्हीं दर्शकों के लिए है जो पढ़-लिख पाते हैं।

सबटाइटलिंग की कमज़ोरी

सबटाइटलिंग का एक और कमज़ोर पक्ष यह कि कृति परदे पर देखते समय दर्शक का ध्यान बँट जाता है। वह देखे या पढ़े, उसकी समझ में नहीं आता। दृश्य माध्यम

में दर्शक देखना ही पसंद करते हैं। देखने से भावाभिनय (facial expressions) का भी पता चलता है।

संवादों में जो उतार-चढ़ाव होते हैं, उसका आनंद मूल भाषा में ही आ सकता है।

हर भाषा की अपनी विशेषताएँ होती हैं। जब दूसरी भाषा में अनुवाद होता है, तो ये विशेषताएँ बनी रहती हैं, इसकी हामी नहीं भरी जा सकती।

जहाँ तक फ़िल्मों का सवाल है, दर्शक उनका समग्र रूप से आनंद लेना चाहते हैं। सबटाइटलिंग के माध्यम से फ़िल्म देखना यानी आनंद में कमी आना है।

सबटाइटलिंग के तहत कभी पूरे संवादों का अनुवाद नहीं होता। यह आशय भर होता है। आप महसूस करते हैं कि परदे पर के पात्र तो बोले जा रहे हैं लेकिन परदे पर लिखे वाक्य/संवाद एक ही जगह ठहर चुके हैं।

कई बार परदे पर लिखे सबटाइटल्स पढ़े नहीं जा सकते। इसका कारण है सबटाइटल वाक्यों का रंग और परदे पर उभरा रंग या पृष्ठभूमि का रंग एक ही है। यह सामान्य नियम है कि पृष्ठभूमि में काला रंग हो तो सफ़ेद रंग से लिखे शब्द साफ़ दिखाई देते हैं। अगर सफ़ेद पृष्ठभूमि पर सफ़ेद खड़िया से ही लिखा जाए तो पढ़ने में बहुत मुश्किल होगी।

फ़िल्म/धारावाहिक/वृत्तचित्र जब बनाए जाते हैं, तो तरजीह तो मूल कृति की सुंदरता पर ही टिकी होती है। लेकिन जब सबटाइटलिंग जैसे उपाय अपनाए जाते हैं, तो परिवर्तित कृति में खामियाँ नज़र आती हैं।

सबटाइटलिंग का सकारात्मक पहलू

सबटाइटलिंग के लाभ भी हैं। सबसे बड़ा लाभ तो यह कि सबटाइटलिंग द्वारा कृति का 'अनुवाद' करा लिया जाए तो वह उस भाषा के दर्शकों को देखने को मिलेगी। अंग्रेजी में सबटाइटलिंग हो तो दुनिया के अंग्रेजी जानने-समझने वाले सारे दर्शक उस कृति को देख पाएँगे।

हर देश तथा भाषा की अपनी मौलिकता होती है। उस भाषा में बनी कृति अधिक से अधिक लोगों तक पहुँचे तो इसमें भला ही है। दुनियाभर में दृश्य-श्रव्य माध्यम में क्या हो रहा है, हम समझ पाएँगे। स्वयं हमारे देश में कई भाषाएँ हैं। हम एक-दूसरे की सेल्युलाइड कृतियाँ सबटाइटल्स के माध्यम से आसानी से देख पाएँगे।

वृत्तचित्र के क्षेत्र में सबटाइटलिंग का बहुत फ़ायदा हो रहा है। विश्व की विभिन्न भाषाओं में ज्ञानवर्द्धक, जानकारीयुक्त वृत्तचित्र तो बनते हैं लेकिन उनका प्रचार प्रसार ठीक से नहीं हो पाता। सबटाइटलिंग हो और इनका ठीक से प्रचार-प्रसार हो तो एक से एक अच्छे वृत्तचित्र दुनियाभर के दर्शक देख पाएँगे। आज ऐसा हो भी पा रहा है।

विश्व के किसी भी देश में होनेवाले अंतर्राष्ट्रीय फ़िल्म महोत्सव का यह नियम है कि किसी भी भाषा में बनी फ़िल्म उस महोत्सव में प्रतियोगिता श्रेणी में दिखाने

हेतु तभी ली जाएगी, जब़ फ़िल्म अंग्रेजी सबटाइटल्स सहित हो। यह नियम केवल अंतर्राष्ट्रीय स्वरूप के फ़िल्म महोत्सवों में लागू होता है। अंग्रेजी सबटाइटल्स इसलिए क्योंकि अंग्रेजी विश्व में अधिक समझी जाती है लेकिन वह फ़िल्म मूलतः अंग्रेजी भाषा में बनी हो या अंग्रेजी में डब की गई हो तो उसके अंग्रेजी सबटाइटल्स की ज़रूरत नहीं होती।

यह नियम केवल फ़ीचर फ़िल्मों से ही संबंधित नहीं है बल्कि वृत्तचित्र, लघुफ़िल्में आदि दृश्य-श्रव्य कृतियों से भी संबंधित है।

दुनिया के हर कोने में तरह-तरह के फ़िल्म महोत्सव चलते ही रहते हैं। हमारे देश में भी होते रहते हैं।

फ़िल्म महोत्सव दो स्वरूप के होते हैं। एक, केवल फ़िल्मों के प्रदर्शन हेतु ताकि दुनियाभर के दर्शकों को पता चले कि किस भाषा में किस प्रकार की दृश्य-श्रव्य कृतियाँ बन रही हैं। यह पहल एक प्रकार से रसास्वादन के उद्देश्य की पूर्ति में सहायक सिद्ध होती है। कृतियों और कृतिकारों को बढ़ावा मिलता है, कलाप्रेमियों की प्यास बुझती है।

फ़िल्म महोत्सवों का दूसरा स्वरूप यानी प्रतियोगिता के माध्यम से कृति को पुरस्कृत करना।

इस स्वरूप के अंतर्गत कृतिकार अपनी कृति प्रतियोगिता के उद्देश्य से महोसत्व में भेजेगा। विभिन्नभाषी कृतियों की यहाँ प्रतियोगिता आयोजित होती है। इस प्रतियोगिता में जो फ़िल्म अव्वल या दूसरे या तीसरे क्रमांक पर आएगी, उसे तद्नुसार पुरस्कार दिया जाएगा।

दुनिया के कोने-कोने से विभिन्नभाषी दृश्य-श्रव्य कृतियाँ इन प्रतियोगिता मूलक फ़िल्म महोत्सवों में आती हैं। इन्हें चुननेवाले जज इतनी सारी भाषाएँ तो नहीं जानते। ऐसी स्थिति में किसी कृतिकार के साथ अन्याय न हो; अतः यह अनिवार्य किया गया कि कृति या तो मूलतः अंग्रेजी भाषा में हो, अंग्रेजी में डब हो या उसके सबटाइटल्स अंग्रेजी में हों।

सबटाइटलिंग एक तकनीकी काम है। इस हेतु अलग स्टाफ नियुक्त करना होता है; सबटाइटलिंग की सुविधाएँ पास रखनी होती हैं। यह काम हर जगह, हर स्टूडियो में नहीं होता। एक प्रकार से यह काम विशेषज्ञता प्राप्त जिम्मेदारी है।

हमारे ही देश की मिसाल लें। यहाँ कई भाषाएँ हैं। एक दूसरी भाषा के अनुवादक स्टाफ में रखना, सुविधाएँ पास रखना कठिन काम है।

सबटाइटलिंग का अनुवाद कार्य आम अनुवाद कार्य से भिन्न होता है। इस कला के पेशेवर अनुवादक ही यह जिम्मेदारी सही ढंग से निभा पाते हैं। वे दृश्य-श्रव्य कला और भाषानुवाद की कला दोनों को समझते हैं और उनमें सामंजस्य बिठाते हैं।

अध्याय इक्कीस

कमेंटरी

- गैरकथात्मक लेखन में कमेंटरी का सहारा लिया जाता है
- कमेंटरी का माने होता है, दर्शक बनाम श्रोता को सूचना देना
- फ़िल्म ऐसा माध्यम, जिसके तैयार रूप को ही देखकर कहा जा सकता है कि कहाँ क्या फ़बेगा, कहाँ क्या नहीं
- आवाज देनेवाले कलाकार की आवाज में एकरसता नहीं होनी चाहिए

शब्दों के ज़रिए मन की भावनाएँ प्रकट करनी हों तथा बात आगे बढ़ानी हो तो आम तौर पर दो तरीके अपनाए जाते हैं—एक संवाद, दूसरे कमेंटरी (commentary)।

संवाद प्रत्यक्ष तरीका है जबकि कमेंटरी अप्रत्यक्ष। कथात्मक (fictional) लेखन में अमूमन संवादों का उपयोग होता है, गैरकथात्मक (non-fictional) लेखन में कमेंटरी का सहारा लिया जाता है।

संवाद अधिक सूक्ष्म शैली है; क्योंकि वह सीधे-सीधे और जैसा चाहे, पूरे भाव-प्रकटीकरण के साथ अपनाई जाती है। कमेंटरी को कुछ कठिनाइयों का सामना करना पड़ता है।

संवाद एक लचीला तरीका है। उसकी सहायता पात्र और उसके हावभाव करते हैं, पूरा माहौल भी करता है। कमेंटरी को अपने ही बूते, केवल शब्दों के सहारे प्रकट होना पड़ता है।

संवादों में सौ प्रतिशत अचूकता (faultlessness) हो सकती है, नहीं भी हो सकती, लेकिन कमेंटरी में सौ प्रतिशत अचूकता होनी ज़रूरी है।

संवाद दर्शक ललक से सुनता है; क्योंकि वह प्रत्यक्ष बात करने की शैली है। कमेंटरी सुनते समय ध्यान बँट जाता है।

कोई बहरा दर्शक भी, भले ही वह संवाद न सुन पाया हो, लेकिन उसकी नज़रों के सामने जो क्रियाकलाप हो रहे हैं, उनके भरोसे थोड़ा या बहुत समझ सकता

है कि क्या हो रहा है, तथा संभवतया क्या बोला गया होगा! कमेंटरी जब तक न सुनो सामने दिखाई दे रहे दृश्यों को समझना मुश्किल है।

कमेंटरी का अपना महत्त्व है। विशेषकर वृत्तचित्र (documentary) क्षेत्र में। बगैर कमेंटरी के वृत्तचित्र कोई मायने नहीं रखते। केवल दृश्य हम वैसे भी देखते रहते हैं...अलग-अलग संदर्भों में देखते हैं लेकिन उन दृश्यों का महत्त्व तभी पता चलता है जब उनके साथ शब्द यानी कमेंटरी जुड़ जाती है।

इस बात को इस मिसाल से भी समझा जा सकता है। कोई वृत्तचित्र या लघुफ़िल्म आप अपने वीडियो पर बगैर आवाज के (कमेंटरी बंद कर) सुनिए। फिर उसी वृत्तचित्र को कमेंटरी के साथ सुनिए। आप महसूस करेंगे कि सुनने के बाद आपके ज्ञान में बहुत बढ़ोतरी हुई है।

फ़िल्म में परदे पर लिखकर (जिसे subtitling कहा जाता है) भी आप अपना आशय समझा सकते हैं। वह अधूरा तरीका होता है। देखें या पढ़ें यह समस्या आपके सामने खड़ी होती है। कमेंटरी आप दृश्य देखते-देखते आसानी से सुन सकते हैं।

कमेंटरी कैसे लिखी जाती है

शूटिंग ख़त्म होने के बाद फ़िल्म का संकलन किया जाता है। फ़िल्म/दृश्य-श्रव्य कृति (audio-visual piece) तैयार हो जाती है। लेकिन यह कृति मूक...बगैर शब्दों/आवाज/संगीत की होती है।

कमेंटरी पहले नहीं लिखी जाती। कृति तैयार होने पर ही लिखी जाती है। कमेंटरी का आधार होता है पास में मौजूद लिखित-अलिखित सामग्री। अब एक कच्ची कमेंटरी लिख ली जाती है। अंदाज से लिखी इस कमेंटरी का अर्थ होता है संबंधित विषय को लेकर कम से कम शब्दों में अधिक से अधिक वर्णन।

कम से कम शब्दों में इसलिए कि आपको आगे चलकर यह वर्णन दृश्यों के साथ जोड़ना है। दृश्य तेजगति से आगे बढ़ते हैं...अगर कमेंटरी में किया गया वर्णन लंबा हो तो शब्द/वर्णन पीछे रह जाएगा और दृश्य आगे निकल जाएँगे। इससे तालमेल गड़बड़ा जाएगा। एक दृश्य के साथ दूसरे दृश्य की कमेंटरी जुड़ जाएगी।

सच तो, कमेंटरी दृश्य के हिसाब से नहीं लिखी जाती। दृश्य तो लंबे हो सकते हैं। कमेंटरी दृश्य में निहित छोटे-बड़े शॉट्स को लेकर लिखी जाती है। इसलिए यह लेखन प्रतीकात्मक होता है, ताकि शब्द कम हों लेकिन वर्णन पूरा।

कई बार केवल एक शॉट के लिए एक 'वर्णन'। कई बार दो-तीन शॉट्स मिलाकर एक (सामूहिक वर्णन)...यह इस बात पर निर्भर करता है कि कैसे और कितने शॉट्स लिए गए हैं। शूटिंग करते समय कमेंटरी को ध्यान में नहीं रखा जाता। शूटिंग अपनी आवश्यकता और योजना के अनुसार होती है। अतः कमेंटरी को दृश्य (visuals) के पीछे चलना पड़ता है।

कमेंटरी की मिसाल

अत्याधुनिक तकनीक से बनी एक रेलगाड़ी पहली बार रेलपटरी पर उतारी गई है। अब इस चलती गाड़ी के आपने चार शॉट्स लिए। ये चारों भी अलग-अलग एंगल से लिए गए...एक इंजिन का, एक बीच के कुछ डिब्बों को मिलाकर, एक शॉट कुछ दूरी से ताकि ट्रेन की तेज रफ्तार दिखाई जा सके, एकाध शॉट नई तकनीक को दिखानेवाला। शॉट्स की संख्या ज़रूरत के अनुसार कम-ज़्यादा हो सकती है।

इन चारों-पाँचों शॉट्स को दिखाने में बहुत ज़्यादा समय नहीं लगेगा। लेकिन आप के पास नई ट्रेन से संबंधित बहुत सारी जानकारी है। यह जानकारी आप दर्शकों को ट्रेन के दृश्यों/शॉट्स के साथ-साथ देना चाहते हैं।

ऐसी स्थिति में आपके पास दो विकल्प हैं। जानकारी अधिक देना चाहें तो उसकी लंबाई के अनुसार अधिक शॉट्स शूट कीजिए या जितना शूट किया है, उसके मद्देनजर जानकारी संक्षिप्त कीजिए।

ये दोनों बातें इस दृष्टिकोण पर भी निर्भर करती हैं कि आपने किस विषय पर फ़िल्म/वृत्तचित्र/दृश्य-श्रव्य टुकड़ा बनाया है, कितनी लंबाई का बनाया है।

रेलगाड़ी की ही मिसाल ले इस बात को समझें। आपका विषय है रेलगाड़ी के जन्म से उसका आजतक का इतिहास। इसकी कुल लंबाई आधा घंटा है।

आप महसूस करते हैं कि रेलगाड़ी के इतिहास में इतनी कुछ क्रांति हुई है कि उसका पूरा इतिहास तीस मिनट की फ़िल्म में दिखाना मुश्किल है। लेकिन आपको यह कर दिखाना है। अतः आप रेलगाड़ी के पूरे इतिहास को हिस्सों में बाँटते हैं। तय करते हैं कि किस हिस्से को, किस बिंदु को कितना महत्त्व दिया जाए।

इस हिसाब से ऊपर जिस रेलगाड़ी का ज़िक्र आया है, उस पर आप साठ सेकंड से अधिक की लंबाई शूट नहीं कर सकते। साठ सेकंड को ध्यान में रख आपने ज़रूरी तादाद में शॉट्स ले लिए। यहाँ एक और बात ध्यान में रखनी है। जितने अधिक शॉट्स...समय और बजट में उतनी ही बढ़ोतरी। आपको साठ सेकंड लंबाई दिखाने हेतु पाँच शॉट्स लेने की इच्छा है। लेकिन बजट तंग होने के कारण आप तीन शॉट्स पर ही समाधान कर लेते हैं।

अब इतनी ही लंबाई की कमेंटरी लिखनी होगी। आपको कम से कम शब्दों में अधिक से अधिक जानकारी देनी होगी या ज़रूरी जानकारी दे किस्सा ख़त्म करना होगा।

यहाँ एक और मुद्दा उभरता है, जिसका संबंध कमेटरी से है भी, नहीं भी। आपने उक्त ट्रेन के लिए तय किए 3 शॉट्स ले लिए। पूरी शूटिंग के बाद सारे शॉट्स/दृश्य इकट्ठे कर संकलन कर लिया। यह संकलित (edited) फ़िल्म केवल 31 मिनट लंबाई की है। आपको 30 मिनट अवधि से लंबी फ़िल्म नहीं चाहिए। तो आप

कहीं से फ़िल्म का हिस्सा कम कर उसे 30 मिनट की बनाना चाहेंगे। कुछ शॉट्स लंबे होते हैं, जिन्हें काटकर छोटा किया जा सकता है। कुछ शॉट्स इतने छोटे और आवश्यक लंबाई के होते हैं कि या तो उन्हें स्वीकार करो या नकार दो। लंबाई कम करते समय आपको लगे कि उक्त ट्रेन के 3 शॉट्स में से एक उड़ा दिया जाए तो आपके पास केवल 2 शॉट्स बचे। वही लिखित वर्णन/जानकारी अब आपको 2 शॉट्स की लंबाई में इकट्ठे दे देनी है।

यदि आपके पास पर्याप्त समय, बजट और (फ़िल्म की) लंबाई है तो आप ट्रेन के अलग-अलग हिस्सों के शॉट्स लेंगे और हरेक के साथ जानकारी जोड़ देंगे...मसलन इंजिन का शॉट दिखाया, इंजिन के बारे में (कमेंटरी में) जानकारी दे दी, गाड़ी की गति दिखाई, गति को लेकर बयान किया, डिब्बा दिखाया, डिब्बे की विशेषता बता दी...वगैरह।

कमेंटरी का स्वरूप तथा भाषा

कमेंटरी का स्वरूप कैसा हो, यह तो इसी पर निर्भर करता है कि दृश्य (visuals) कैसे हैं। फिर भी कमेंटरी ऐसी ऩ हो कि कहीं बहुत छोटी हो जाए, कहीं बहुत लंबी...कोई वर्णन ज़रूरत से ज्यादा, कोई वर्णन अधूरा। कमेंटरी का माने होता है दर्शक/श्रोता को सूचना देना। अतः उसमें कमेंटरी होनी ज़रूरी है।

कमेंटरी की भाषा लागलपेट की भाषा नहीं होती। उसे स्पष्ट, चुस्त, विषयानुसार और संगत होना चाहिए। उसका स्वरूप व्यावहारिक होना चाहिए। कमेंटरी सुनने वाले दर्शकों में इतना धैर्य होता है कि वे खरी-खरी बात सुनें।

कुछ कथात्मक (fictional) विषय ऐसे होते हैं जिनका थोड़ा बहुत हिस्सा आप कथा के रूप में शूट नहीं कर पाते। यह कई कारणों से होता है। अतः ऐसे टुकड़े/टुकड़ों के लिए भी आपको कमेंटरी लिखनी पड़ती है। इस कमेंटरी का स्वरूप और शैली पूरी कथात्मक कृति के अनुरूप होती है। कथात्मक कृति से अलग यह कमेंटरी हो, तो कृति पर आँच आती है। यदि कमेंटरी के ऐसे टुकड़े लंबी कथात्मक कृति में यहाँ-वहाँ बिखरे हों और अलग शैली में लिखे हों तो बात बार-बार अखरती है।

कुछ विषयों पर कृति बनाते समय इकट्ठे तीन ढंग का लेखन करना पड़ता है—संवाद, कमेंटरी तथा सूत्रधार द्वारा कही जाने वाली बातें। तीनों प्रकार का (इकट्ठा) लेखन न हो पाए, तो उक्त कृति अधूरी महसूस होगी।

ऐसे विषय अक्सर साहित्यिक कृतियाँ, क़िताबी लेखन, ऐतिहासिक, धार्मिक पौराणिक, पुरातात्विक विषय हो सकते हैं। चूँकि इन विषयों को दिखाते समय आपके पास के सारे साधन, माध्यम अधूरे पड़ते हैं; अतः आपको एक ही कृति में विभिन्न शैलियों/तरीकों को अपनाना पड़ता है...इच्छा या अनिच्छा से।

कमेंटरी की स्टूडियो में रिकार्डिंग

एक बार पूरी (मूक) फ़िल्म तैयार हो गई और संबंधित कमेंटरी लिख ली गई कि स्टूडियो में कमेंटरी की रिकार्डिंग होती है, अर्थात कमेंटरी को फ़िल्म में डाल दिया जाता है। दृश्यों (visuals) के साथ सही ढंग से जोड़ दिया जाता है।

रिकार्डिंग के समय जिसकी आवाज में रिकार्डिंग करानी है, उसे अलग केबिन में बिठा दिया जाता है और मूक फ़िल्म सामनेवाले केबिन में मॉनीटर (monitor) पर चलती रहती है। मॉनीटर टीवी के आकार का होता है और इस पर शूट की हुई फ़िल्म देखी जाती है। फ़िल्म को आगे पीछे किया जा सकता है। मॉनीटर शूटिंग के समय भी इस्तेमाल होता है। शूटिंग स्थल पर इसे रखा जाता है। एक तरफ शूटिंग हो रही होती है, दूसरी तरफ उसी शूटिंग को आप मॉनीटर पर देख सकते हैं।

यह बहुत सुविधाजनक स्थिति है। इससे शूटिंग के समय की ग़लती या अच्छाई तत्काल पहचानी जा सकती है। शूट किया हिस्सा रेकॉर्ड कर उसे मॉनीटर पर उसी समय दिखाया जाए तो शूटिंग यूनिट से जुड़े हर कलाकार/तकनीशियन को उसी समय अपनी ग़लती देखने को मिल जाती है। वह अपनी ग़लती सुधार सकता है।

कई अभिनेता-अभिनेत्री शूटिंग स्थल पर उत्सुक होते हैं कि उन्होंने अभी-अभी जो शॉट दिया है, उसमें उनका अभिनय, उनकी मुद्रा, भाव प्रदर्शन/भावाभिनय (expressions) सही था या नहीं। संतुष्ट न होने पर वे स्वयं निर्देशक से आग्रह करते हैं कि यह शॉट दुबारा (retake) लिया जाए।

कमेंटरी हमेशा उस व्यक्ति/कलाकार की आवाज में रिकार्ड की जाती है, जिसकी आवाज साफ़, बुलंद और माध्यम के अनुरूप हो। जो न चबा-चबाकर उच्चारण करे न हड़बड़ाहट में। इन्हें आवाज के उतार-चढ़ाव भी मालूम होने चाहिए, तद्नुसार (शाब्दिक) अभिनय भी करते आना चाहिए। ऐसे कलाकार की आवाज में एकरसता (monotony) नहीं होनी चाहिए।

कमेंटरी रिकार्डिंग के समय स्टूडियो में लेखक की भी आवश्यकता महसूस होती है।

स्टूडियो में, स्वर कलाकार के केबिन और मॉनीटर रखे केबिन के बीच काँच की आधी दीवार होती है। इसी दीवार में से कलाकार मॉनीटर पर चल रही फ़िल्म भी देख सकता है और मॉनीटर के ही पास बैठे रेकार्डिस्ट, निर्देशक, संकलक के इशारे भी।

स्वर कलाकार का केबिन हवा बंद (air tight/sound proof) होता है ताकि बाहरी आवाज भीतर न जाए। उस केबिन में छोटा-सा टेबल और माइक भर होते हैं। इस टेबल पर कमेंटरी लिखे कागज बिखेरकर और उन्हें एक के बाद एक बहुत आहिस्ते उठा, कलाकार कमेंटरी पढ़ता है। माइक बहुत संवेदनशील होने के कारण

कागज़ हिलने-हिलाने की आवाज तक कैद हो जाती है। इससे आवाज की शुद्धता पर असर पड़ता है।

मगर कलाकार की आवाज पड़ोसवाले केबिन में संकलक, निर्देशक आदि को सुनाई देती है।

फ़िल्म चलती रहती है...शॉट-दर-शॉट कमेंटरी रिकार्ड होती रहती है। यह रिकार्डिंग एकमुश्त भी हो सकती है लेकिन व्यावहारिक बात यह है कि रिकार्डिंग करते समय कठिनाइयाँ आती रहती हैं, अतः रिकार्डिंग टुकड़ों-टुकड़ों में होती है...जो बाद में ऐसे जुड़ जाती है कि टुकड़ों-टुकड़ों में की गई रिकार्डिंग का पता ही नहीं चलता।

कमेंटरी रिकार्ड करते समय ही पता चलता है कि शॉट या दृश्य के अनुसार कमेंटरी लिखी गई है या नहीं। न लिखी गई हो तो कमेंटरी में इस समय फेरबदल करने पड़ते हैं।

मिसाल के तौर पर वही, रेलगाड़ीवाले शॉट्स मॉनीटर पर चल रहे हैं। इंजिन का शॉट चल रहा है, इधर इंजिन की विशेषता बखानी जा रही है। ऐसा करते समय शॉट आगे बढ़ गया और कमेंटरी का वाक्य लंबा होने के कारण अभी भी बोला जा रहा है, तो गड़बड़ हो जाएगी। क्योंकि अगले शॉट के लिए अलग से वर्णन है। इस तरह हर शॉट/दृश्य के लिए स्वतंत्र वर्णन है।

इस शॉट का वर्णन लंबाई के कारण उस शॉट में चला जाए तो दर्शक कुछ समझ नहीं पाएँगे। अर्थ एक ही निकलेगा...बोला कुछ जा रहा है, दिखाया कुछ जा रहा है।

फ़िल्म की गति एक जैसी होती है। वह हमेशा स्थायी होती है। ऐसा नहीं हो सकता कि फ़िल्म के एक शॉट की गति धीमी कर लंबे वर्णन को समाविष्ट कर लिया जाए। अब विकल्प यही है कि लिखित शब्दों में हेरफेर किया जाए...इस ढंग से कि वाक्य शॉट में फिट हो जाए।

हाँ, शॉट लंबा हो, वाक्य छोटा पड़ जाए तो कोई बात नहीं। क्योंकि यह माध्यम दृश्य (visuals) का माध्यम है। दृश्यों की प्रधानता यहाँ स्वीकार ली जाती है। शॉट लंबा हो और वर्णन छोटा, तो कमेंटरी करनेवाला इस शॉट का वाक्य बोल कर चुप्पी साध लेगा...शॉट चलता रहेगा। अगला शॉट आया कि फिर कमेंटरी शुरू।

यदि स्टूडियो में लेखक मौजूद है तो वह कमेंटरी के शब्दों में बदल कर देगा और उसी समय पुनः रिकार्डिंग हो जाएगी। इस तरह दृश्य और बोल में तालमेल बिठाकर रिकार्डिंग चलती रहती है।

संकलन के बाद ही रिकार्डिंग

कमेंटरी रिकार्डिंग हमेशा उस फ़िल्म की की जाती है, जो पूरी तरह यानी संकलन

के बाद तैयार है। समझ लो कि आपने संकलन से पहले अर्थात फ़िल्म पक्की होने से पहले कमेंटरी रिकार्ड कर ली। अब आप महसूस कर रहे हैं कि फ़िल्म की लंबाई आवश्यकता से अधिक हो गई या इसमें किसी कारणवश बदल या काटछाँट करनी है तो काटछाँट करते समय दृश्य ही नहीं कटेगा, कमेंटरी के बोल भी कट जाएँगे, क्योंकि बोल दृश्य के साथ ही रिकार्ड हो चुके हैं। अब आप कोशिश करें कि काटछाँट के बाद दृश्य की तरह कमेंटरी भी आपस में जोड़ दें तो संभव नहीं होगा।

दृश्य जब कटता है तो संकलक इस खूबी से वही हिस्सा काटता है, जिसके न रहने से कड़ी टूटती नज़र नहीं आती। लेकिन वाक्य तो तभी पूरा समझा जाएगा, जब वह पूरा कहा गया हो। इसे जर्क (Jerk) आना कहते हैं।

कमेंटरी सिर्फ वही नहीं जो लेखक अपनी प्रतिभा के बूते लिखता है। इसमें प्रसिद्ध कविता के अंश भी हो सकते हैं, पद या मुहावरा भी हो सकता है। कमेंटरी लेखन में इस प्रकार के लेखन/जोड़-तोड़ की गुंजाइश होती है... और प्रसंगानुसार, आवश्यकतानुसार वह पूरी कर ली जाती है। ऐसे लेखन से कमेंटरी का वजन बढ़ता ही है, वह एक मिसालयोग्य टुकड़ा बन जाता है।

जहाँ कमेंटरी होती है, वहाँ साथ-साथ संगीत का भी इस्तेमाल होता है। अलग से मुद्रित/डब की गई आवाज का भी इस्तेमाल हो सकता है, तरह-तरह की ध्वनियाँ इस्तेमाल की जा सकती हैं। यह सब आवश्यकतानुसार, दिखावे के लिए नहीं।

यह निर्देशक की कल्पकता पर निर्भर होता है कि कमेंटरी के साथ और किस प्रकार की आवाज/ध्वनि जोड़े। विषय तथा प्रसंग पर भी निर्भर करता है। अपने आप में केवल कमेंटरी ही पर्याप्त होती है।

सच तो, फ़िल्म ऐसा माध्यम है जिसके तैयार रूप को ही देखकर कहा जा सकता है कि कहाँ क्या चीज़ फबेगी, कहाँ क्या नहीं!

अध्याय बाईस

एंकर के लिए लेखन

- एंकर जो बोलता है, वह लेखक का लिखा...लेकिन सच्चाई पता नहीं चल पाती
- यह लेखन ऐसा हो ताकि दर्शकों को एंकर तथा कार्यक्रम में अपनापन लगे
- एंकर्स स्क्रिप्ट में भाषा, शैली और सामग्री के हिसाब से लचीलापन हो
- एंकर्स जबरन हाथ-पैर हिलाते हैं, इसका कोई माने नहीं है...यह एक शैली बन गई है

टेलीविजन में धारावाहिकों के अलावा अलग-अलग प्रकार के कार्यक्रम प्रसारित होते हैं। अलग-अलग स्वरूप के इन कार्यक्रमों के लिए भी लेखन किया जाता है। कई कार्यक्रम संचालक पेश करते हैं। इन्हें प्रचलित भाषा में एंकर (Anchor) कहा जाता है। आम तौर पर ये एंकर जाने-माने लोग होते हैं।

फ़िल्मों से संबंधित कार्यक्रम, गीतों भरे कार्यक्रम, खेल कार्यक्रम, गेम शोज (game shows), स्त्रियों के कार्यक्रम, बच्चों के कार्यक्रम, कार्टून, मनोरंजक कार्यक्रम आदि ऐसे कार्यक्रम हैं जिन्हें आगे बढ़ाने वाला व्यक्ति एंकर होता है।

कार्यक्रम देखनेवालों को आभास होता है कि क़ार्यक्रम पेश कर रहा एंकर अपने मन से बोल रहा है। वो बोलता ही इस प्रकार से कि लगे कि दो कड़ियों के बीच वह जो भी कुछ बोल रहा है वह उसके भीतर से निकल रहा है।

लेकिन ऐसा नहीं होता। वह जो बोलता है, पहले से लिखा होता है। वह कागज़ सामने रख उसे पढ़ता नहीं, इसलिए सच्चाई पता नहीं चल पाती।

एंकर के लिए लिखे जानेवाले इस लेखन को एंकर्स स्क्रिप्ट (Anchor's script) कहते हैं। यह कार्यक्रम के स्वरूप पर निर्भर रहता है कि यह लेखन कैसा किया जाए, मसलन गंभीर, हल्का-फुल्का, मज़ाकिया...वगैरह।

लेकिन यह बोलचाल की भाषा में होना चाहिए। इसमें रोचकता, मनोरंजकता, चुटीलापन हो। ये तत्त्व होते हैं, इसलिए एंकर की बातों के बारे में समझना मुश्किल है कि वह स्वयं बोल रहा है या लिख-पढ़ रहा है। एंकर जो बोलते हैं, पेश करते

हैं, वह अभिनय के साथ या तरह-तरह की हरकतें करते हुए। इस कारण भी एंकर्स स्क्रिप्ट में रोचकता ओर बोलचाल का स्वर होना चाहिए।

एंकर्स स्क्रिप्ट लिखते समय यह देखना होता है कि एंकर की शोहरत किस प्रकार की है। हास्य अभिनय करनेवाला, हमेशा हँसने-हँसानेवाला एंकर हो तो जरूरी है कि उसके नाम, उसके व्यक्तित्व के अनुरूप स्क्रिप्ट की शैली हो। गंभीर शख्स एंकर हो तो उसके व्यक्तित्व के अनुरूप स्क्रिप्ट लिखी जाए। बहरहाल, पूरी स्क्रिप्ट ऐसी हो, ताकि दर्शकों को उस कार्यक्रम तथा उस एंकर में अपनापन लगे...साथ ही यह भी कि एंकर उन्हीं से बात कर रहा है।

एंकरिंग स्क्रिप्ट की मिसाल

मान लीजिए कार्यक्रम बच्चों का है। एक घंटा अवधि में चलनेवाले इस चित्र कथा (cartoon) कार्यक्रम में अलग-अलग बाल कहानियाँ दिखाई जा रही हैं।

यहाँ एंकरिंग स्क्रिप्ट का माने होगा दिखाई जा रही/दिखाई गई बाल कहानियों को लेकर बाल एंकर द्वारा बाल-दर्शकों से बात करना। यह बात, मान लो, 3 हिस्सों में बँटी होगी। एंकर कार्यक्रम के शुरुआत में बोलेगा, फिर कार्यक्रम के मध्य के हिस्से में...और अंत में कार्यक्रम के समापन के समय।

यहाँ बोलना इतना ज़्यादा भी न हो कि बाल-दर्शक ऊब जाएँ और कहें कि कार्यक्रम दिखाने के बजाय यही बोले जा रहा है। अतः एक घंटे अवधि के लिए एंकर्स स्क्रिप्ट कुल मिलाकर पाँच से आठ या दस मिनट अवधि की होगी। ये स्क्रिप्ट 3 हिस्सों में बँट जाएगी।

शुरुआत का हिस्सा—

बाल एंकर : बच्चो हाय...(हँसता है)...अरे, मैं तो बच्चो कह गया! 'बच्चो' तो बड़े बोलते हैं, बूढ़े बोलते हैं हमको..हम तो खुद बच्चे हैं...आप बच्चे, (गर्व से) 'मैं' बच्चा...टीवी में बच्चे...बच्चे ही बच्चे...ये पूरी दुनिया बच्चों की...।

हमारी तो दुनिया ही मज़ेदार होती है...(बनावटी गुस्से से) आप सबसे पहले एक काम करो...हाथ की क़िताब पड़ोस में रख दो...ये तो मौजमस्ती का समय है...यार, मौजमस्ती करो...अरे हमारी कहानियाँ भी तो तुम्हें पढ़ाएँगी-सिखाएँगी...लेकिन मौजमस्ती से...पहले एक जोक...नहीं, पहले एक ख़त...बड़ा अच्छा ख़त है...नहीं पहले जोक...नहीं पहले ख़त...नहीं जोक...ख़त...जोक...ख़त...जोक...ख़त..

(लंबी आह भरता है) चलो, तुम जीते...पहले तुम्हारा ख़त...

(एंकर ख़त पढ़ेगा...भेजनेवाले का नाम, मजमूँ पढ़ेगा...उस पर प्रतिक्रिया जाहिर करेगा आदि।)

इसी तरह एंकरिंग स्क्रिप्ट में बीच का हिस्सा जोड़ा जाएगा। तीसरे हिस्से में समापन का हिस्सा जोड़ा जाएगा। ये दोनों हिस्से कार्यक्रम में दिखाए जानेवाले

टुकड़ों के हिसाब से लिखे जाएँगे। कुल हिस्से दो भी हो सकते हैं, चार भी हो सकते हैं।

इस मामले में लिखित नियम नहीं होते। कार्यक्रम जिस प्रकार होगा, कार्यक्रम के निर्माताओं की ज़रूरत जिस प्रकार की होगी, वैसा लेखन करना होता है।

कुछ कार्यक्रम ऐसे होते हैं, जिसमें एंकर को लगातार बोलना पड़ता है। कुछ कार्यक्रम में दो एंकर होते हैं। ये समान रूप से महत्त्वपूर्ण होते हैं और आपसी बातचीत के ज़रिए बात आगे बढ़ाते रहते हैं।

एंकर्स स्क्रिप्ट में लचीलापन होना आवश्यक है। यह लचीलापन भाषा, शैली और सामग्री आदि विभिन्न पहलुओं के मद्देनजर होता है।

कुछ चैनल, कुछ कार्यक्रम निर्माता संस्कृतनिष्ठ, साफ़-सुथरी हिंदी को महत्त्व देते हैं, कुछ बोलचाल की हिंदी को, कुछ अंग्रेजी मिश्रित हिंदी को–!

कई बार एंकर के कारण कार्यक्रम शोहरत प्राप्त करता है तो कई बार कार्यक्रम के कारण एंकर की प्रसिद्धि लगातार बढ़ती जाती है। कई बार दोनों एक-दूसरे के पूरक होते हैं।

मशहूर हस्ती को जिसे अंग्रेजी में celebrity कहते हैं को ही इसलिए एंकर बनाया जाता है ताकि कार्यक्रम को लोकप्रियता हासिल हो। इस ढंग से लोकप्रियता हासिल होती भी है।

लेखक को अपनी लेखनी पर विश्वास होना चाहिए और महसूस भी होना चाहिए कि उसका लेखन (Anchoring script) एंकर तथा कार्यक्रम को जबर्दस्त उछाल दे सकता है। ऐसा देखने में भी आया है कि लेखन के बूते कोई कार्यक्रम कोई एंकर बहुत लोकप्रिय हुए हैं। इसी लोकप्रियता के कारण कार्यक्रम लंबे समय तक चलते रहे हैं।

इनकी लोकप्रियता का दूसरा पक्ष यह है कि ऐसे कार्यक्रम देश तथा भाषा को लाँघकर पूरी दुनिया में छा गए। हमारे यहाँ भी ऐसे कुछ कार्यक्रम दिखाए जाते हैं, जो बाहर के टेलीविजन जगत में पहले से लोकप्रियता हासिल कर चुके हैं।

लेखक को एंकर्स स्क्रिप्ट लिखते समय बस यही करना है कि ऐसे कार्यक्रमों की रूपरेखा भले ही बाहरी हो, लेकिन सारी सामग्री, शैली, भाषा पूरी तरह हमारी; ताकि वह एक देसी कार्यक्रम के रूप में उभरे।

अध्याय तेईस

नाटक की पटकथा (आलेख) तथा दृश्य-श्रव्य पटकथा में अंतर

- नाटक में कहानी के साथ-साथ वैचारिक चर्चाओं का भी महत्त्व है
- नाटक में मानवसाध्य कलाओं का अधिक योगदान
- दोनों माध्यमों में एक बड़ा अंतर कहानी को आलेख/पटकथा में बदलने को लेकर है
- दोनों माध्यमों में स्थान एक महत्त्वपूर्ण मुद्दा
- जीवंतता नाटक के प्राण होते हैं
- रंगमंच जगत में प्रयोगवाद की संभावनाएं बनी रहती हैं, दृश्य-श्रव्य माध्यम में अपेक्षाकृत कम

नाटक भी कहानी और घटनाओं पर आधरित होता है और फ़िल्म तथा धारावाहिक की पटकथा भी कहानी तथा घटनाओं पर आधारित होती है। नाटक की पटकथा को सही रूप में आलेख कहते हैं।

दोनों जगह कहानी को बुनने की आवश्यकता होती है। यह बुनावट आलेख और पटकथा जैसे अलग-अलग दो नामों से ही नहीं पहचानी जाती, बल्कि इनमें अन्य प्रकार के अंतर तथा समानताएँ भी होती हैं।

यह संभव है कि मूलतः एक ही कहानी को आधार बना कर नाटक भी लिखा जा सकता है और फ़िल्म या टेलीविजन धारावाहिक की पटकथा भी। इसके विपरीत एक कहानी पर अच्छा नाटक बन पाएगा या फ़िल्म या धारावाहिक।

एक विकल्प यह भी है कि कहानी ढीली और लुंजपुंज होने के बावजूद सशक्त बुनावट के ज़रिए एक अच्छा नाटक भी लिखा जा सकता है या तथा फ़िल्म/धारावाहिक भी। ऐसी स्थिति में यह आलेख/पटकथा का कमाल होगा।

विधाओं में साम्य तथा विषमताएँ

दोनों विधाओं में कुछ समानताएँ हैं। दोनों माध्यम में कहानी चाहिए, सशक्त बुनावट, सटीक चरित्रीकरण, सार्थक संवाद चाहिए।

इन दोनों माध्यमों की विषमताएँ भी उतनी ही उल्लेखनीय हैं।

नाटक एक ही जगह घटित होता है, फ़िल्म तथा धारावाहिक की घटनाएँ विभिन्न स्थानों पर। नाटक में कहानी के साथ-साथ वैचारिकता का प्राधान्य होता है। कुछ नाटक घटनाप्रधान होते हैं, कुछ नाटकों में घटनाओं के साथ-साथ वैचारिक चर्चाएँ भी होती हैं।

फ़िल्म या धारावाहिक में वैचारिक चर्चाओं को महत्त्व नहीं है; बल्कि ये पटकथा की खामी मानी जाती है। फ़िल्म/धारावाहिक की कहानी घटनात्मक होती है। घटनाओं के ज़रिए ही कहानी/पटकथा आगे बढ़ती है।

नाटक कहानी, संवाद और चरित्रीकरण की नींव पर खड़ा रहता है। फ़िल्म तथा टेलीविजन माध्यम में अन्य तत्त्वों के ज़रिए भी प्रभाव पैदा करने की कोशिश की जाती है।

नाटक में गंभीर रुख एक आवश्यकता होती है। फ़िल्म तथा धारावाहिक में हल्काफुल्कापन लाया जा सकता है।

नाटक में नाटक के भीतर ही से और सीमित माध्यमों के सहारे अनुकूल वातावरण का निर्माण करना पड़ता है। फ़िल्म में वातावरण कई माध्यमों से निर्मित किया जा सकता है।

नाटक तकनीक पर आधारित कला नहीं है। इसमें मानवसाध्य कलाओं का योगदान अधिक है। फ़िल्म तथा टेलीविजन माध्यम में तकनीक के ज़रिए असाध्य कार्य भी साध्य हो जाते हैं।

नाटक में जो दिखता है वही सत्य है। फ़िल्म तथा धारावाहिक में कई बातें कृत्रिम होती हैं।

नाटक में पात्र सशरीर मंच पर होते हैं। दृश्य-श्रव्य माध्यम में उनकी छाया/छवि से काम चलाया जाता है। छायाचित्रण का बहुत महत्त्व होता है।

नाटक में की गई गलतियाँ, भूल-चूक मंचन के समय सुधारी नहीं जा सकतीं। दृश्य-श्रव्य माध्यम में भूल सुधार कर 'अचूक' चीजें पेश होती हैं।

दोनों माध्यमों में एक बहुत बड़ा अंतर कहानी को आलेख/पटकथा में बदलने को लेकर है।

कहानी का प्रस्तुतीकरण अलग-अलग

एक ही कहानी पर नाटक लिखना हो या फ़िल्म तथा धारावाहिक लिखना हो तो

उसी कहानी को विभिन्न दृष्टिकोण से परखना पड़ता है। दृश्य-श्रव्य माध्यम की पटकथा लिखते समय आपको इसकी चिंता नहीं करनी पड़ती कि अमुक दृश्य शूट हो पाएगा या नहीं। आप किसी भी स्थान पर जा कर किसी ढंग से मनचाहा दृश्य शूट कर सकते हैं। नाटक में घर से बाहर का वातावरण आप कैसे दिखा पाएँगे? घर में भी सारी हरकतें नहीं दिखा पाएँगे।

चूँकि दृश्य-श्रव्य माध्यम में स्थान संबंधी किसी सीमा की पाबंदी नहीं होती, आप क्रमबद्ध ढंग से कहानी आगे बढ़ाते जाते हैं। वह शूट होती है और सिलसिलेवार दिखा दी जाती है।

उसी कहानी को आप उसी क्रम में नाटक के रूप में दिखा नहीं सकते। समझ लो कि आपका पात्र घर से निकला है और बाज़ार जाकर कुछ ख़रीदारी कर रहा है।

फ़िल्म की पटकथा लिखते समय आप दोनों घटनाओं को लेकर दो दृश्य लिखेंगे। एक दृश्य घर का होगा, जहाँ पात्र बाज़ार जाने की तैयारी कर रहा होगा—वह कपड़े पहनेगा, जूता-चप्पल पहनेगा, हाथ में झोला लेगा, पास पैसा है या नहीं जाँचेगा...और 'बाज़ार जाकर आता हूँ' कहकर निकल पड़ेगा।

दूसरे दृश्य में आप लिखेंगे—पात्र बाजार में अलग-अलग दुकानों पर जा रहा है। मोलभाव कर रहा है। मनपसंद सागसब्जी तौलवा रहा है। झोला भर सब्जी लिए लौट रहा है। ये दोनों दृश्य इकट्ठे आ जाएँगे और कहानी का एक हिस्सा घटित हो जाएगा कि पात्र ने अपने घर में कमरे में जा कर कपड़े पहने, झोला उठाया, जाँचा कि जेब में पैसे हैं या नहीं और जूता पहन बाज़ार जाने हेतु निकल पड़ा।

वह बाज़ार जा कर दुकानों में अपनी मनपसंद सब्जी तलाशता रहा। दुकानदारों से मोलभाव किए, हुज्जतबाजी की। अंत में झोलाभर सब्जी ले घर लौटा।

स्थान एक महत्त्वपूर्ण मुद्दा

आपकी मूल कहानी में हूबहू ऐसा ही वर्णन है और इस वर्णन को आपने जस का तस बनाए रखकर दृश्य-श्रव्य माध्यम की पटकथा में बुन दिया। लेकिन क्या हूबहू ऐसा ही वर्णन आप नाटक के आलेख में लिख सकते हैं?

आपके सामने समस्या स्थान की आएगी। सीमित मंच पर आप क्या दोनों दिखा पाएँगे? ऐसी स्थिति में आप दो में से एक स्थान चुनते हैं। मान लिया जाए कि आपके नाटक में एक ही घर दिखानेवाला सेट (मंचसज्जा) है। आपके सामने दो विकल्प हैं। आप अपने पात्र को कपड़े पहन, हाथ में झोला उठा, जूता पहन, जेब में पैसे जाँचते हुए घर से बाहर जाता हुआ दिखाएँगे। पात्र कहेगा—मैं अभी बाज़ार जाकर कुछ मनपसंद सब्जियाँ लेकर आता हूँ।

दूसरा विकल्प होगा वही पात्र झोलाभर सब्जियाँ लेकर घर में प्रवेश करेगा। कहेगा—बाज़ार से मैंने ढेर सारी मनपसंद सब्जियाँ ख़रीदी हैं।

चूँकि कहानी में ढेरों घटनाएँ होती हैं, आपको नाटक का आलेख लिखते समय बार-बार सोचना पड़ता है कि यह तरीका चुनूँ या वह! यह स्थान के अभाव के कारण होता है। दूसरे शब्दों में, आपके पास एक ही स्थान उपलब्ध है और आपको सारी घटनाएँ वहीं घटित होती दिखानी हैं।

समस्या यहीं खत्म नहीं होती। आपकी कहानी में कई घटनाएँ घटित होती हैं...एक-दूसरे से संबंध न रखनेवाली भी...समय और काल का अंतर होता है...आप कल्पनाओं में विचरते हैं...कोई भी घटना कहीं भी घट सकती है।

भले ही कहानी एक हो लेकिन घटना और दृश्य के स्तर पर इसमें बहुत विस्तार बनाम बिखराव होता है। आलेख के ज़रिए इनमें आपको तालमेल जोड़ना है।

आप हिसाब लगाते हैं कि आपकी कहानी में घटनाएँ 25 जगह घटित होती हैं। आप आलेख लिखते समय इन्हें केवल 5 जगह समेट देंगे। लेकिन यह भी संभव नहीं है—क्योंकि आपके पास एकमात्र स्थान है—घर। जो कुछ होना है, यहीं होना है।

दृश्य-श्रव्य माध्यम की पटकथा एक ही दृष्टिकोण से लिखी जाती है, जिसे अंग्रेजी में point of view कहते हैं। कोई भी कहानी किसी एक निश्चित तत्त्व, विषय या पात्र के point of view से कही जाती है। बस, घटनाएँ, वातावरण, उतार-चढ़ाव, सोच बदलता है।

नाटक की कहानी, कह लीजिए दो मानदंडों के तहत कही जाती है। एक तो किसी तत्त्व, विषय या पात्र के point of view से। दूसरे, स्थान (की सीमा) को ध्यान में रखते हुए।

ऐसा भी नहीं कि नाटक में हमेशा एक ही स्थान पर घटनाएँ घटती हैं। नाटककार नाटक लिखने से पहले तय कर लेता है कि मंचसज्जा का स्वरूप कैसा होगा। कई बार एक झोंपड़ी भर होगी, कभी सड़क, कभी छोटा या बड़ा घर...कभी बाज़ार...कई बार दो फ्लैट एक-दूसरे से जुड़े...कई बार एक बड़ा घर और नीचे से गुजरती सड़क...कभी मंच के एक तरफ घर तो दूसरी तरफ शराबखाना...कभी-कभी इसके साथ जुड़ा कोई और स्थान।

कुछ नाटक ऐसे होते हैं, जहाँ किसी प्रकार का औपचारिक मंच होता ही नहीं। यानी मंच पूरी तरह खाली...एक पल वह घर बन जाता है, दूसरे पल चौपाल स्थान, तीसरे पल पुलिस थाना, चौथे पल न्यायालय—अर्थात 25 घटनाओं के लिए 25 स्थान।

कल्पकता का योगदान

ये स्थान क्रियाकलापों से दिखाए जाते हैं, प्रकाश-व्यवस्था के ज़रिए दिखाए जाते हैं, रंगकर्मी जिस भी युक्तिसंगत ढंग से दिखाना चाहे, दिखाए जाते हैं। इसका संबंध रंगकर्मी की कल्पकता से है। बस, दर्शकों को आभास भर हो जाना चाहिए कि दिखाई दे रहा स्थान कौन-सा है। मिसाल के तौर पर एक नाटक में दो पात्रों को, एक-दूसरे

के हाथ पूरी तरह लंबे खींच कर पकड़ते हुए दिखाए गए। इस संयुक्त आकृति से दरवाजे की फ्रेम का आभास हुआ। तीसरा पात्र जब उस फ्रेम से गुजरा तो पता चल गया कि कोई व्यक्ति घर या कमरे में घुसा है।

जब मंच पर एक ही प्रकार का सेट नहीं होता, तब मंच पर इसी प्रकार फटाफट सेट बदलते जाते हैं।

एक बार सेट का स्वरूप या स्थान/लोकेशन संबंधी रूपरेखा तय हो गयी कि नाटककार उसी कहानी पर आलेख लिखना शुरू करता है। वह घटनाओं में तारतम्य बिठाता है और आलेख बुनता जाता है।

ऐसा करते समय वह कहानी की बुनियादी बातें कभी नहीं भूलता। हाँ, प्रस्तुतीकरण को लेकर जोड़-तोड़ अवश्य करता है। यह जोड़-तोड़ कहानी को असरहीन नहीं बनाती, उलटे और सशक्त बनाती है। क्योंकि नाटक तो सशक्त और जीवंत प्रस्तुतीकरण का ही माध्यम है।

नाटक विशिष्ट पहचान का माध्यम

चूँकि नाटक अभी भी समाज के विशिष्ट जनों का माध्यम समझा जाता है, नाटककार इसी कहानी को पेश करते समय स्वतंत्रता का सहारा लेता है। इस स्वतंत्रता के तहत वह प्रयोगवाद अपनाता है, गंभीर चर्चा को अंजाम देता है, दार्शनिक दृष्टिकोण अपनाता है। मनोवैज्ञानिक विश्लेषण का सहारा लेता है, ऊँची भाषा के प्रयोग से नहीं हिचकिचाता...वगैरह वगैरह।

इन सबके परिणामस्वरूप वही कहानी एक जबर्दस्त साहित्यिक कृति के रूप में सामने आती है। इस अंतर को तब पहचाना जाता है, जब एक ही कहानी पर नाटक भी लिखा जाता है और फ़िल्म या धारावाहिक भी।

इन दोनों कृतियों को देखने पर माध्यम की लेखन संबंधी बारीकियों का भी पता चलता है।

यहाँ यह भी स्पष्ट कर देना ज़रूरी है कि लिखा नाटक अलग होता है और पेश किया गया नाटक अलग। यह पूरी तरह रंगकर्मी की कल्पकता पर निर्भर करता है कि वह किस जीवंतता से नाटक पेश करता है। यही जीवंतता नाटक के प्राण होते हैं और यह नाटककार तथा निर्देशक की कल्पकता से सिद्ध होती है।

रंगमंच विश्व में प्रयोग होते रहते हैं

नाटक के आलेख में कसावट होनी बहुत ज़रूरी है। इसके हर पक्ष, हर शब्द को दर्शक गंभीरता से लेता है। नाटक का दर्शक बौद्धिक और गंभीर होने के नाते शब्दों के महत्त्व को समझता है।

कई नाटक-आलेखों में ध्वन्यात्मकता होती है। आप महसूस करते हैं कि (आँख मूँदकर) नाटक को 'सुनते' भी जाओ।

फ़िल्म/धारावाहिक पटकथा में यह बात नहीं होती।

दृश्य-श्रव्य माध्यम में प्रयोगवाद की कम ही गुंजाइश रहती है। नाटक, चूँकि साहित्यिक विधा है, प्रयोगवाद की संभावनाएँ यहाँ बनी रहती हैं। नाट्यविधा में प्रयोगधर्मी नाटक होते हैं, परंपरागत शैली के नाटक होते हैं, आधुनिक शैली के नाटक होते हैं...एक ही तरह की मंचसज्जावाले नाटक होते हैं तो बगैर मंचसज्जा के खुले मंच पर भी नाटक होते हैं।

नाटक अपनी कथा और गतिअनुसार आगे बढ़ता है...कई बार सूत्रधार नाटक को आगे बढ़ाता है। नाटक विधा के अंतर्गत शुद्ध नाटक खेले जाते हैं। कभी-कभार किसी कहानी का मंचन भी नाट्य शैली में किया जाता है। कहानी के मंचन पर भी काफी काम हुआ है और इस कला को सफलता मिली है।

फ़िल्म या धारावाहिक की पटकथा केवल एक पात्र के इर्दगिर्द कभी नहीं बुनी जाती; जबकि नाटक एकपात्री (एकल प्रस्तुति) भी होते हैं फ़िल्म या धारावाहिकों में पात्रों की भीड़ हमेशा बनी रहती है। नाटक वह कला है, जो कम से कम पात्रों के ज़रिए अधिक से अधिक सार्थक बात कह सकती है। नाटकों में पात्रों की संख्या एक से लेकर दो, तीन, चार...दस...पंद्रह...बीस कुछ भी हो सकती है।

फ़िल्म या धारावाहिक की पटकथा में 'स्पीच'(एक ही पात्र द्वारा दिया गया लंबा वक्तव्य, जो एक से ज़्यादा पेजों में भी हो सकता है) का कोई प्रावधान नहीं है। नाटक विधा के आलेख में स्पीच का अलग महत्त्व है। स्पीच नाटककार और अभिनेता/अभिनेत्री के लिए ऊँचाइयाँ प्रदान करता है। रंगमंच के छात्रों के लिए स्पीच की कला को सीखना और उसकी प्रस्तुति में सफल होना एक उपलब्धि मानी जाती है।

किसी एक विषय पर फ़िल्म बनी यानी किस्सा खत्म। धारावाहिक के साथ भी यही है। हाँ, उसी विषय को उठाकर दूसरे दृष्टिकोण से लिखने और पेश करने की कोशिश दूसरा कोई कलाकार कर सकता है। इसके विपरीत एक ही बार लिखा नाटक अलग-अलग समय अलग-अलग निर्देशकों द्वारा नई व्याख्या, नए तेवर के साथ प्रस्तुत किया जाता है। लेखन वही रहता है, केवल प्रस्तुतीकरण बदलता है। इससे नए संदर्भ प्राप्त होते हैं, लेखन में छुपी नई-नई बातें उभर कर आती हैं। दर्शकों को ताज़गी के साथ पुराना नाटक देखने मिलता है, रंगमंच के छात्रों को नई-नई कलाएँ, शैली सीखने मिलती हैं।

अध्याय चौबीस

रेडियो की पटकथा

- किसे पता, विभिन्न कारणों से रेडियो का महत्त्व फिर बढ़ जाए
- लेखक को ध्वनि की अधिक से अधिक खूबियाँ भुनानी चाहिए
- कई बार आप दुनिया से आँखें मूँद लेना चाहते हैं, लेकिन सुनना चाहते हैं
- आपको दिखाया नहीं जा रहा, किन्तु कहा जा रहा है कि सुनते सुनते 'देखो'

रेडियो हालाँकि बहुत पुराना माध्यम है और सिनेमा, टीवी जैसे माध्यमों की तुलना में दोयम स्थान पर पहुँच गया है, लेकिन यह एक प्रभावशाली माध्यम है। भारत जैसे देश में गाँव-गाँव पहुँचा है। ग़रीबों-पिछड़ों के शिक्षा और मनोरंजन का प्रमुख साधन है।

एफ.एम. रेडियो से इस माध्यम में पुनः उछाल आया है। किसे पता, विभिन्न कारणों से रेडियो माध्यम का महत्त्व फिर बढ़ जाए! विदेशों में इसका अधिक महत्त्व स्वीकारा गया है।

सच तो यह है कि कई बार आप दुनिया से आँखें मूँद लेना चाहते हैं...लेकिन, (आँखें मूँद कर) सुनना चाहते हैं। ऐसी स्थिति में रेडियो आपका बहुत बड़ा मददगार साबित होता है। उसमें एक खजाना भरा होता है, जिसे वह आपके लिए खोल देता है। रेडियो माध्यम ध्वनि तथा आवाज (sound &voice) पर आधारित होने के कारण आपके पास एक ही रास्ता बच जाता है कि आप सुना कर ही चित्र खड़ा कीजिए।

दृश्य-श्रव्य (Audio-visual) माध्यम में जब तक ध्वनि नहीं थी यानी यह माध्यम केवल दृश्य माध्यम था, तब दर्शक देखकर अधिक से अधिक समझते थे। यह काम उतना कठिन नहीं है। लेकिन रेडियो माध्यम इसलिए कठिन है क्योंकि आपको दृश्य/चित्र खड़ा करना पड़ता है।

एक माध्यम से उसी माध्यम का काम लेना कठिन नहीं होता। बाहरी किसी माध्यम से इस माध्यम का काम लेना निश्चय ही कठिन काम है। आपको दिखाया नहीं जा रहा है; सुनाया जा रहा है, लेकिन कहा जा रहा है कि सुनते सुनते देखो।

यह सुनने-देखनेवाले के लिए उतना कठिन नहीं, जितना कठिन 'सुनाने-दिखानेवाले' के लिए है। लेकिन इस माध्यम की खूबसूरती ही इसकी विशेषता है।

रेडियो के माध्यम से कथात्मक (fictional) तथा गैरकथात्मक (Non-fictional) दोनों कार्यक्रम पेश होते हैं। कथात्मक कार्यक्रम किस तरह पेश किया जाए, यह लेखक न समझ पाए तो उसके लेखन में असर पैदा नहीं होगा। रेडियो के पेशेवर लेखक असर पैदा करने में सक्षम होते हैं।

लेखक को यह समझना है कि ध्वनि और आवाज की अलग खूबियाँ हैं। इन खूबियों को लेखक को अधिक से अधिक भुनाना चाहिए।

पात्र हमारे सामने होता है। उसके हावभाव ही हमें बहुत कुछ बता देते हैं। रेडियो माध्यम में तो सुनकर ही पता चलेगा कि पात्र के मन में क्या खलबली मची है, क्या वह कमरे से बाहर जा रहा है या भीतर घुस रहा है।

शब्दों का एक 'बुरा' पक्ष भी है। कई बार हम कहते हैं कि कम से कम बोलो । कम बोलना ही समझदारी है। सामनेवाला बगैर बोले भी समझता है। उसका चेहरा सब कुछ बता देगा, उसकी हरकतें सब कुछ बता देंगी। लेकिन यहाँ तो आपको सब कुछ बोल कर ही बताना है। यानी जो बात 'बुरी' है, उसी का दामन पकड़ना है और उसी (बुरी बात) को भली बात बनाकर दिखाना है।

रेडियो के लेखक को न बोलना, कम बोलना और अधिक बोलना के बीच संतुलन बनाए रखना पड़ता है। उस पर दोहरी जिम्मेदारी होती है। यानी बोलकर बातें स्पष्ट करो, लेकिन ऐसा बोलो कि केवल उचित/आवश्यक बात ही उभरकर आए। जो लेखक ऐसा 'बोलना' नहीं जानते, उन्हें रेडियो माध्यम से बोलने के लिए अभ्यास करना होता है।

फ़िल्म या धारावाहिक लेखक पात्र का पूरा चरित्रीकरण, वर्णन कर स्पष्ट कर देगा। आधे पेज, एक पेज में किए गए वर्णन को पढ़कर निर्देशक तथा अभिनेता चरित्र को समझ लेगा। कई बाहरी-भीतरी बातें अपनाकर अभिनेता पात्र के चरित्र को आत्मसात करने की कोशिश करेगा। ये सारे तत्त्व उसके लिए मददगार साबित होते हैं—मसलन शरीर, हलचल, वेशभूषा, अभिनय, स्थान, वातावरण, अँधेरा-उजाला, आसपास की चीजें...वह सब जो दिखता, दिखाया जा सकता है।

रेडियो में ये प्रकट करते समय आप हर चीज का क्रमवार वर्णन नहीं करते कि पात्र ने क्या पहना है, उसकी एक आँख है या दो, उसके कमरे में पंखा है या नहीं, वह गोरा या काला...किंतु ये सारी चीजें कहानी में बुनी जाती हैं, उतनी ही जितनी कहानी के हिस्से के रूप में ज़रूरी हैं।

पात्र गोरा है या काला, यह कहानी में बताना ज़रूरी नहीं है, लेकिन वह चश्मा पहनता है या नहीं, वह कितना ऊँचा है यह बताना ज़रूरी है तो बता भी दिया जाएगा...कहानी में खूबसूरती से बुनकर...घटना और वर्णनात्मकता में तारतम्य बिठा

कर। श्रोताओं के सामने कहानी स्पष्ट होगी और नज़रों के सामने चित्र खड़े होंगे...कोई संदिग्धता (ambiguity) नहीं रहेगी।

आपका पात्र खिड़की में खड़ा है। दूर से कोई दूसरा पात्र क़रीब आ रहा है! पहला पात्र असमंजस में है कि यह अचानक इस ओर कैसे आ रहा है।

चूँकि दूसरा पात्र बहुत दूरी से आ रहा है, पहले पात्र को उसके पैरों की आवाज सुनाई नहीं देगी। कहानी पहले पात्र के दृष्टिकोण (point of view) से ही कही जा रही है। पैरों की आवाज पात्र को नहीं सुनाई दे रही, तो वह श्रोताओं को भी नहीं सुनाई देगी।

अतः दूसरे पात्र के आगमन तथा पहले पात्र के असमंजस को दर्शाना है तो यहाँ संवाद ज़रूरी है।

पहला पात्र : (असमंजस में, स्वयं से) अरे, सोमनाथ इस समय कहाँ से चले आ रहे हैं।

चूँकि पदचाप सुनाई नहीं दे रहे हैं...पात्र दूर से आ रहा है तो धीमी आवाज में ऐसी ध्वनियों का आभास ज़रूर निर्माण किया जा सकता है, जिसे सुनकर श्रोता थोड़ा बहुत अनुमान लगा सकते हैं...

यह ध्वनि चिड़ियों की चहचहाट हो सकती है, हवा की साँय .य हो सकती है, दूर बजती मंदिरों की घंटी हो सकती है। अगर मंदिर से होकर आने की संभावना है तो घंटियों की ध्वनि के साथ यह वाक्य भी जोड़ा जा सकता है...कहीं मंदिर से हो कर तो नहीं आ रहे हैं!

जहाँ तक खिड़की का सवाल है कि यह खिड़की गाँव की हवेली की है या शहर के बहुमंजिला इमारत के फ्लैट की, तो कहानी में ज़रूरी समझने पर, कहीं न कहीं, प्रत्यक्ष-अप्रत्यक्ष इसका उल्लेख आ चुका होगा। यह उल्लेख इस समय श्रोता की नज़रों के सामने चित्र उपस्थित करने में मददगार साबित होता है।

यदि पात्र एक कमरे से दूसरे कमरे में जाता है, तो पदचाप की आवाजें आएँगी। इस कमरे में बैठा पात्र कह सकता है–'सुभाष बेटे, इधर आ ही रहे हो तो एक गिलास पानी ले आना।'

सुभाष किस उम्र का है, उस हिसाब से उसकी मानसिकता क्या होगी और उस मानसिकता का असर इस समय उसकी चाल पर कैसा होगा, इस मुद्दे पर सोच कर भी पदचाप ध्वनि का निर्माण किया जा सकता है।

ये प्रयास मिलेजुले होते हैं–लेखक अपनी ओर से वर्णन लिखता है, कार्यक्रम का निर्माता अपनी ओर से योगदान देकर साक्षात ध्वनिमुद्रण करता है।

इस तरह विभिन्न आवाजों के ज़रिए वातावरण का प्रतीकात्मक चित्र खड़ा किया जा सकता है...

रेलवे स्टेशन का माहौल हो तो गाड़ियों का आना-जाना, इंजिन की आवाज, कुलियों और विक्रेताओं की आवाज, यात्रियों का शोर शराबा आदि सुनायी देगा। ऐसे में कोई गाड़ी आकर रुकती है...अब इस माहौल के साथ संवाद जुड़ जाए तो चित्र स्पष्ट हो सकता है–

माँ : (पति से, जिज्ञासापूर्वक) देखो, देखो, हमारा रमेश आ रहा है...(खुश हो) मैंने कहा था न, कहा है तो हमारा रमेश आएगा ज़रूर...लेकिन ये क्या, वो तो अकेला ही दिखाई दे रहा है...लगता है, बहू नहीं आई साथ...!

रमेश : (करीब आ) माँ-बाबूजी, प्रणाम-प्रणाम...!

पिता : खुश रहो बेटे, खुश रहो...!

माँ : खुश रहो मेरे लाल, खुश रहो...!

इससे पता चल गया कि रमेश अकेला गाड़ी से उतरा है, उसने माता-पिता के पैर छुए, माता-पिता ने उसे आशीर्वाद दिया।

सुबह का समय, पिता कमरे में बैठा अखबार पढ़ रहा है...

इस बात को दिखाने के लिए आपने पिता के मुँह में ख़बरवाले संवाद डाल दिए...पन्नों के उलटने-पलटने की आवाज डाल दी...'भोपाल-झाँसी रेल लाइन पर गाड़ी पटरी से उतरी, चार को मामूली चोटें'...'क्यूबा के राष्ट्रपति भारत पहुँचे'...'इस साल गेहूँ का उत्पादन बढ़ा'...पात्र अख़बार ही पढ़ रहा है, यह दिखाने के लिए आपने पात्र के मुँह में एकाध टिप्पणी भी डाल दी, जैसे (लंबी आह भर)...खैर, कुछ तो बढ़ा...गेहूँ का उत्पादन ही सही, वरना अख़बार खोलो तो बुरी ही बुरी ख़बरें।

अचानक रेडियो पर गाना सुनाई देता है–रेडियो पड़ोस के कमरे में बज रहा है–

पात्र : अरे चिंटू जानते नहीं मैं यहाँ अख़बार पढ़ रहा हूँ...और तुम तो पढ़ाई कर रहे थे। इतने शोर में पढ़ाई होती है तुम्हारी! बंद करो रेडियो! (रेडियो बंद)

चिंटू : हाँ, पापा, मैं पढ़ ही रहा हूँ...!

एक और मिसाल देखें–

(कुछ क्षण कोलाहल जारी...

दृश्य बदलता है

शहनाई वादन तथा पुरोहित द्वारा उच्चारित मंत्र आदि सुनाई देते हैं...शादी का माहौल प्रतिध्वनित होता है)

गोपा : (रुआँसे स्वर में) मदारीलाल जी, अपने कलेजे का टुकड़ा मैं आपको सौंप रही हूँ। इसे दुख मत देना!

मदारीलाल : कैसी बात कर रही हैं गोपा बहन आप! सुन्नी बिटिया को हम इसीलिए अपने घर ले जा रहे हैं कि खुशियाँ हमारे परिवार में आएँ!...अच्छा बहन, अब हमें बिदाई दो! (गोपा हल्के सुर में रो रही है। कोई लोकगीत बजता है, जिसका माने है, नववधू अपने पिता का घर छोड़कर ससुराल जा रही है।)

दृश्य बदलता है।

(बाहर रिमझिम बरसात हो रही है। दरवाजा खटखटाने की आवाज)

गोपा : (थकी-हारी आवाज में) दरवाजा खुला है, आ जाओ!

(दरवाजा खटखटाने की पुनः आवाज होती है)

...अरे भाई, मैंने कहा न, दरवाजा खुला है आ जाओ!

(पड़ोसन दरवाजा खोलकर भीतर आती है)

पड़ोसन : (आवाज देती है) गोपा बहन!...

अध्याय पच्चीस

कहानी, पटकथा, संवाद

- हर लेखक हर विधा में नहीं लिख पाता
- हो सके तो, एक ही लेखक को कथा, पटकथा, संवाद लिखने चाहिए
- तीनों अंगों को अलग करना कृत्रिम तरीका
- फ़िल्म जगत में अलग-अलग लेखकों की ख्याति अलग-अलग प्रकार से बनी हुई है

साहित्य की किसी भी विधा का लेखक, लेखक ही कहलाता है। फिर भी, यह देखने में आया है कि हर लेखक हर विधा में नहीं लिख पाता। कुछ ही लेखक विभिन्न विधाओं में लिख पाते हैं।

दृश्य-श्रव्य माध्यम में भी यही स्थिति है। कहानी, पटकथा तथा संवाद लेखन अलग-अलग प्रकार मान लिए गए हैं। कुछ लेखक दृश्य-श्रव्य माध्यम की कहानी अच्छी लिख सकते हैं, लेकिन पटकथा लेखन में विफल हो जाते हैं। कुछ लेखक पटकथा लेखन में माहिर होते हैं—लेकिन तभी जब उन्हें एक अच्छी कहानी दे दी जाए। कुछ पटकथाकार बुरी कहानी को भी अपनी प्रतिभा से सशक्त पटकथा में बदल देते हैं। यानी पटकथा के स्तर पर वे कहानी को सुधार लेते हैं, कई बार अविश्वसनीय ढंग से भी।

कथा और पटकथा के अध्यायों में हमने देखा कि किन विशेषताओं के कारण दोनों ही विधाएँ उभर कर आती हैं। कथा अर्थात शुरुआत में लिखी कथा को तो केवल निर्माता-निर्देशक और पटकथाकार ही पढ़ता-सुनता है। बाकी किसी को कच्ची कहानी पर गौर करने की ज़रूरत नहीं होती। इसी लिखित स्वरूप पर गौर कर तीनों भी समझ जाते हैं कि फ़िल्म की अंतिम कहानी यानी पटकथा और पूरी फ़िल्म कैसी होगी!

इसी कहानी के विभिन्न रूपों को पढ़ने-सुनने पर भी कई पटकथाकार या निर्देशक अंदाजा लगा लेते हैं कि कहानी की अन्ततोगत्वा पटकथा...और पूरी फ़िल्म का स्वरूप कैसा होगा। अतः कई बार आधी-अधूरी कहानी को भी मान्यता मिल

जाती है। लेकिन इस जोखिम से निर्माता, निर्देशक, पटकथाकार और स्वयं कहानी लेखक को भी बचना चाहिए। यदि ऊँट ग़लत करवट बैठ जाए तो!

दर्शकों को फ़िल्म की जो कहानी पता चलती है, वह पटकथा के ज़रिए ही। इस दृष्टिकोण से भी सुव्यवस्थित पटकथा लेखन का महत्त्व होता है।

संवाद की भी यही स्थिति है। कुछ दृश्य-श्रव्य लेखक न कहानी लिख पाते हैं न पटकथा, केवल संवाद लिख पाते हैं। कुछ तीनों का लेखन एकमुश्त, समान प्रतिभा दिखाते हुए कर लेते हैं। फ़िल्म या धारावाहिक का लेखन इससे बाहर और कुछ नहीं होता। हाँ, वर्णनात्मक लेखन/कमेंटरी का लेखन ज़रूर होता है। वह अमूमन वृत्तचित्र या लघुफ़िल्मों के माध्यम से ही उपयोग में लाया जाता है। आंशिक रूप से टीवी के लिए भी।

साहित्य की विधा में अगर कवि, कहानी नहीं लिख पाए तो कहीं अनर्थ नहीं होगा। क्योंकि हर विधा स्वतंत्र विधाएँ हैं। लेकिन दृश्य-श्रव्य माध्यम में कहानी, पटकथा तथा संवाद एक ही विधा के तीन अंग हैं। अब यह बात अलग है कि कहानीकार अच्छी पटकथा नहीं लिख पाता, इसलिए उसे यह जिम्मा नहीं सौंपा जाता, पटकथा लेखक अच्छे संवाद नहीं लिख पाता इसलिए उसे संवाद लेखन का अवसर नहीं दिया जाता किंतु यह विभाजन समर्थनीय नहीं हो सकता।

विभाजित लेखन की अपनी हानियाँ हैं

जब एक ही लेखक कृति का पूर्ण लेखन करता है, यानी कथा, पटकथा, संवाद इकट्ठे लिखता है तो तारतम्य होता है। कृति एक दिशा में बढ़ती रहती है। लेखक को पता होता है कि शनैः-शनैः कहानी कैसा रूप ले रही है। कई बार वह कहानी में शामिल न हो पाई बातें पटकथा में शामिल कर लेता है।

पटकथा यानी दृश्य लिखते समय जब उसे महसूस होता है कि इस प्रसंग के लिए उसके पास सशक्त संवाद हैं, तो वह दृश्य के किसी अंग को सीमित करते हुए संवाद को आगे बढ़ा देगा। इसी प्रकार वह उल्टा रास्ता भी अपना सकता है। प्रसंग के मद्देनज़र एक भी संवाद नहीं लिखेगा...बस, दृश्य को समग्र रूप में मुखर बना देगा। यह संवादहीनता जिसे आप मौन भी कह सकते हैं, ज़्यादा प्रभावशाली सिद्ध हो सकती है।

कथा, पटकथा तथा संवाद में कई बार लेखक को इकट्ठे सूझता रहता है और वह एकमुश्त लेखन करता है। ये तीनों अंग एक-दूसरे में फँसे होते हैं, ख़ास कर कथा और पटकथा...और पटकथा और संवाद। इन्हें अलग करना एक कृत्रिम तरीका होगा।

एक और बात ध्यान में रखनी होगी। हर दो लेखक, कलाकार या प्रतिभाओं में जो अंतर होता है, वह योग्यता और प्रतिभा से ही संबंधित नहीं होता, बल्कि जीवन के अनुभव, मानसिकता तथा शैली संबंधी भी होता है।

एक ही कृति के विभिन्न हिस्सों को अलग-अलग लिखने-लिखाने का मायने होगा, विभिन्न हिस्सों को अलग-अलग रूप देना। गहराई से देखने पर यह अंतर स्पष्ट हो जाता है।

यह भी देखा गया है कि पटकथाकार से कह दिया जाता है कि उसे कहानी सौंप दी जाएगी, उसका काम केवल पटकथा लिखना है। प्रत्यक्ष रूप में होता यह है कि उसे एक-दो पैराग्राफ की कोई कल्पना थमा दी जाती है। अब उसे कहानी और पटकथा दोनों पर काम करना होता है।

यही अनुभव संवाद लेखक के साथ भी हो सकता है। किसी से कहा जाए कि उसे केवल संवाद लिखने हैं, और एक लुंज-पुंज पटकथा थमा दी जाए! संवाद लेखक की आत्मा गवारा न करे तो उसे पटकथा ठीक करनी पड़ेगी; ऐसा करते समय कहानी में भी जोड़-तोड़ करनी पड़ेगी...संवाद तो उसे लिखने ही हैं।

पूरा लेखन एक ही लेखक को करना चाहिए, इसके पीछे की तर्कसंगतता सिद्ध होने के बावजूद व्यावहारिक पक्ष को भी ध्यान में रखना पड़ता है।

कहानी लेखक पटकथा लिखने की प्रतिभा और अनुभव ही न रखे, तो क्या जबरन उससे पटकथा लिखवाई जाएगी? अगर ऐसा किया जाए तो उस पटकथा का कोई माने होगा? कुछ लेखकों के संवादों में वह गंभीरता, माद्दे को साफ़ प्रकट करने की कला, अनुभव की गहराई नहीं होती...लेकिन वे पटकथा या फिर कहानी अच्छी लिख लेते हैं।

अतः जो जिस कला में माहिर है, उसे उसी कला को अंजाम देने का जिम्मा सौंपा जाना बेहतर है।

फ़िल्म तथा धारावाहिक जगत में अलग-अलग लेखकों की ख्याति अलग-अलग प्रकार से बनी हुई है। उस ख्याति को ध्यान में रखते हुए लेखन का वह कार्य सौंप दिया जाता है। शायद इस प्रकार के लेखक भी इसी इच्छा को बनाए रखते हों कि उनकी महारत के अनुसार ही उन्हें जिम्मा सौंपा जाए।

अध्याय छब्बीस

एक ही पटकथा अलग-अलग लेखकों द्वारा लिखाना

- लोकप्रियता का असर हर देश भाषा के दृश्य-श्रव्य माध्यम पर पड़ता ही है
- कई बार चार पटकथा लेखकों के साथ एक संयोजक समन्वयक जोड़ दिया जाता है
- एक ही पटकथा अलग-अलग लेखकों से लिखाने में लाभ-हानियाँ दोनों हैं

एक तरीका यह भी अपनाया जाता है...। एक ही विषय की पटकथा, लेकिन उसे लिखनेवाले एक से अधिक लेखक। इनकी संख्या दो-तीन-चार कुछ भी हो सकती है।

आम तौर पर विदेशों में यह प्रथा अपनाई जाती है। धारावाहिकों को लेकर ज़्यादा। प्रथा को बदलने में देर नहीं लगती...विशेषकर दृश्य-श्रव्य क्षेत्र में।

धारावाहिकों में एक से अधिक पटकथा लेखकों को शामिल करने का प्रमुख कारण है धारावाहिकों की लंबाई। हमारे यहाँ तो पहले 13 या 26 एपिसोड के ही धारावाहिक बनते थे। दसियों-सैकड़ों एपिसोडों के धारावाहिक बनने-बनाने की अवधारणा हमारे यहाँ पश्चिमी देशों से ही आयी है। चूँकि ऐसे लंबे धारावाहिकों के लिए वहाँ एक से ज़्यादा पटकथा लेखकों को जिम्मा सौंपा जाता है, यहाँ भी वही तरीका अपनाया गया।

लोकप्रियता का असर हर देश-भाषा के दृश्य-श्रव्य माध्यम पर पड़ता ही है। हमारे यहाँ भी पड़ता है। उसका संबंध विभिन्न प्रथाओं से भी है। लंबे होने के बावजूद हमारे यहाँ कई धारावाहिकों को एकमात्र लेखक ने ही लिखा है। यहाँ तक कि कथा पटकथा संवाद भी उसी के।

लेखन की अलग-अलग स्थितियाँ

लंबे धारावाहिकों को एक से अधिक लेखकों द्वारा लिखवाने के पीछे की अवधारणा भले ही धारावाहिक की लंबाई से जुड़ी हो; लेकिन फ़िल्म को लेकर तो यह सही नहीं है...फिर भी पटकथा लेखक एक से ज़्यादा भी होते हैं। शायद इसके पीछे विभिन्न लेखकों के अनुभव और उनकी प्रतिभा का योगदान प्राप्त करना, यह उद्देश्य होता होगा। फिर, हर लेखक की अपनी निजी व्यस्तताएँ, समय का अभाव भी कारण हो सकता है।

ज़रूरी नहीं कि अनेक पटकथा लेखक, एक ही पटकथा लिखे तो क्वालिटी बनी रहती है। जो पटकथा एक ही लेखक लिखता है, वहाँ भी तो क्वालिटी बनी रहती है।

कई बार चार पटकथा लेखकों के साथ एक संयोजक-समन्वयक (co-ordinator) जोड़ दिया जाता है। इस समन्वयक का काम विभिन्न पटकथाओं में समन्वय स्थापित करना है। यह भी संभव है कि समन्वयक अपने से जुड़े विभिन्न पटकथाकारों को उनका अपना जिम्मा सौंप दें—कि यह हिस्सा यह लेखक लिखेगा, यह हिस्सा वह पटकथाकार...वगैरह। सबों से इकट्ठे हुए अंशों को समन्वयक एक जैसा स्वरूप दे कर उसे पक्का कर दे।

इस तरीके के भी वही लाभ और हानियाँ हैं, जो पिछले प्रकरण में हमने एक ही कृति की उपविधाओं (कहानी, पटकथा, संवाद) के विभिन्न लेखकों द्वारा लिखे जाने को लेकर चर्चा करते समय गिनाई थीं।

इस तरीके से मिलता-जुलता एक और तरीका अपनाया जाता है; किंतु यह तरीका ऊपर चर्चित तरीके से एक सीढ़ी नीचे है। दोनों में साम्यता नहीं ढूँढ़ी जानी चाहिए। साम्यता ढूँढ़ने का अर्थ होगा स्वतंत्र लेखक को अपमानित करना।

कई लेखक अनधिकृत रूप से अपने साथ सहायक लेखक जोड़ लेते हैं। ये प्रशिक्षु लेखक भी हो सकते हैं और वे भी जिन्हें स्वतंत्र रूप से काम करने का अवसर नहीं मिलता। स्वतंत्र रूप से काम न मिलने के कई कारण हो सकते हैं।

वह लेखक जो अपने साथ सहायक लेखक जोड़े रखता है, अपने सहायकों में लेखन संबंधी काम बाँट देता है। उन्हें विषय संबंधी सारी पृष्ठभूमि, सारे पहलू समझा देता है...उनके साथ बैठकर गहराई से चर्चा करता है। लेखन कैसा चाहिए, इस संबंध में हिदायतें देता है।

उक्त सारी सूचनाओं को दिमाग में रखकर सहायक लेखक लेखन करते हैं। इन्हें टुकड़ों में बँटा लेखन कह सकते हैं। अपनी-अपनी प्रतिभा के अनुसार यह लिखा जाता है।

मुख्य लेखक, फिर सहायकों के साथ बैठक करता है। लिखा हुआ सुनता है, नए सुझाव देता है।

इस तरह बार-बार लिखा जाता है। मुख्य लेखक को एकमुश्त लेखन मिलता रहता है। यह निश्चित है कि मार्गदर्शन उसी का होता है, लेकिन संभव है कि सहायक लेखक का लेखन मुख्य लेखक की उम्मीदों से अधिक स्तरीय हो। बहरहाल, सारा लेखन मुख्य लेखक का ही माना जाता है। इस स्थिति की दो ढंग से व्याख्या की जा सकती है। एक तो यह कि किसी एक लेखक के बहाने दीगर जाने-अनजाने सहायक लेखकों को भी काम मिल जाता है। दूसरा यह कि सहायक लेखकों के भरोसे तथाकथित मुख्य लेखक अपने स्वार्थ पूरे करता रहता है।

अध्याय सत्ताईस

पटकथा लेखन का तकनीकी तरीका

- हमारे यहाँ दो प्रकार की तकनीक अपनायी जाती है
- क्रमबद्ध तरीका और स्थापित तरीका दोनों का अपना महत्त्व है
- लेखन ऐसा हो ताकि दृश्य और संवाद दोनों का आकलन पढ़नेवाले को पूरी तरह हो जाए

पटकथा लेखन का पहले से चला आ रहा तरीका विदेशों में अभी भी अपनाया जाता है। हमारे यहाँ आजकल दोनों तरीके अपनाए जाते हैं। दोनों में से एक तरीका दृश्य-दर-दृश्य पेज-दर-पेज लिखता जाना है। इसे आप लेखन की running शैली भी कह सकते हैं।

क्रमबद्ध तरीका

हमारे यहाँ फ़ीचर फ़िल्म तथा टेलीविजन धारावाहिक हेतु यह तरीका अपनाया जाता है। इसके अनुसार पटकथा की शुरुआत दृश्य एक से की जाती है और वह लगातार, क्रमवार ढंग से, एक के बाद एक दृश्य के रूप में लिखी जाती है। जिस तरह क़िताब लिखी जाती है, वही तरीका यहाँ भी अपनाया जाता है।

क्रमबद्ध (रनिंग) शैली में लिखते समय हर दृश्य स्वतंत्र पेज पर भी लिखा जाता है, या पेज की चिंता न करते हुए लगातार लिखा जाता है। यानी एक पेज पर एक, डेढ़, दो, तीन...जितने बैठ पाएँ, उतने दृश्य लिख लिए जाते हैं।

स्थापित तरीका

दूसरे तरीके में पेज के उसकी लंबाई के हिसाब से दो समान हिस्से कर लिए जाते हैं। यानी ऊपर से नीचे तक एक साक्षात या काल्पनिक रेखा खींच ली जाती है। एक हिस्से में शीर्षक के रूप में ऊपर लिखा जाता है—Visual यानी दृश्य। दूसरे हिस्से में शीर्षक के रूप में ऊपर लिखा जाता है—Audio यानी आवाज या ध्वनि।

दूसरे, यानी Visual के हिस्से में दृश्य का वर्णन लिखा जाता है। क्रियाकलाप

या साक्षात्कार संबंधी संकेत लिखे जाते हैं। Audio के हिस्से में साक्षात संवाद या कमेंटरी लिखी जाती है। इस तरह माना जाता है कि अमुक हरकत के साथ अमुक संवाद जुड़ा रहेगा। मिसाल के तौर पर Visual में लिखा जाएगा—कमरे में दीपक का प्रवेश...वह इधर-उधर चौकन्ना होकर देखता है....

उसी के आगे Audio में लिखा जाएगा (संवाद)...''अरे, रमा अभी तक नहीं आई!''

दोनों को मिलाकर दृश्य/शॉट बनेगा...कमरे में दीपक प्रवेश करता है। वह इधर-उधर चौकन्ना होकर देखता है और सवाल करता है—अरे, रमा अभी तक नहीं आई! यह तरीका अभी तो हमारे यहाँ वृत्तचित्र तथा विज्ञापन लेखन के क्षेत्र में अपनाया जाता है। विज्ञापन लेखन हेतु प्रयुक्त शैली को स्टोरी बोर्ड (story board) कहा जाता है।

ख्याल रहे, विदेशों में अभी भी फ़िल्म, धारावाहिक वृत्तचित्र तथा विज्ञापन क्षेत्र की पटकथा लिखने के लिए एक ही तरीका अपनाया जाता है। वह है Visual तथा Audio को पेज के दो हिस्सों में बाँटनेवाला।

दोनों तरीकों का महत्त्व है

हमारे यहाँ वृत्तचित्र तथा विज्ञापन क्षेत्र के लिए अभी भी अनिवार्य रूप से Visual/Audio वाला तरीका ही अपनाया जाता है। लेकिन फ़िल्म तथा धारावाहिक की पटकथा लिखने हेतु एक और तरीका अपना लिया गया है...वह है क्रमबद्ध (running) शैली। पुरानी पीढ़ी के फ़िल्मकार अभी भी चारों विधाओं के लिए Visual/Audio वाला तरीका ही अपनाते हैं। नई पीढ़ी के फ़िल्मकार/लेखक फ़िल्म तथा धारावाहिक हेतु क्रमबद्ध शैली का प्रयोग करते हैं, तो वृत्तचित्र तथा विज्ञापन लिखने हेतु Visual/Audio वाली शैली का।

उपर्युक्त बात कोई लिखित नियम नहीं है। यह अभ्यास और आदत का सवाल है। लेखक जो चाहे शैली अपनाए।

Visual/Audio वाली शैली में काग़ज पर नज़र डालते ही दृश्य और संवाद का विभाजन साफ तौर पर दिखाई देता है। क्रमबद्ध लेखन शैली में आपको लगातार पढ़ना पड़ता है; तदुपरांत आप वर्णन तथा संवाद को समझ पाते हैं।

यह भी सच है कि कइयों का ध्यान 'Visual/Audio' शैली के लेखन को पढ़ते समय बिखर जाता है जबकि रनिंग शैली के लेखन को पढ़ते समय पूरा दृश्य, एकमुश्त सामग्री के रूप में उनकी नज़रों में भर जाता है।

बहरहाल, लेखन ऐसा हो ताकि दृश्य और संवाद दोनों का आकलन पढ़नेवाले को पूरी तरह हो जाए। इसी से वह समझ पाएगा कि इसे प्रभावशाली ढंग से लिखा गया है या नहीं...और वह अपने पूरे प्रभाव के साथ फ़िल्म में उभर पाएगा या नहीं!

अध्याय अट्ठाईस

पटकथा लेखन की भाषा

- पटकथाएँ हिंदी या अंग्रेजी दोनों भाषाओं में लिखी जा सकती हैं
- कुछ (तकनीकी) शब्द प्रयोग में जस के तस चले आ रहे हैं...बगैर यह सोचे कि ये किस भाषा के शब्द हैं
- पटकथाएँ हिंदी में लिखी जाएँ तो यह विडम्बना भी ख़त्म की जा सकती है कि कृति हिंदी की, लेकिन बाकी सब कुछ अंग्रेजी में।

फ़िल्म की पटकथाएँ पहले अंग्रेजी में लिखी जाती थीं। धारावाहिक प्रसारित होने लगे तो पटकथाएँ हिंदी में भी लिखी जाने लगीं।

अब मिलाजुला वातावरण है। फ़िल्म की पटकथाएँ अंग्रेजी में या हिंदी में लिखी जा सकती हैं। यह तकनीकी लेखन है। कई तकनीकी शब्दों/वाक्प्रचारों का इस्तेमाल पटकथा लेखन के समय करना पड़ता है। इसलिए पहले अंग्रेजी में ही पटकथाएँ लिखी जाती रहीं।

जैसे-जैसे सिनेमा का प्रचार-प्रसार हुआ, इस क्षेत्र से जुड़े कलाकार/तकनीशियन सिनेमा माध्यम से परिचित होने लगे। नतीजतन अपनी भाषा का भी प्रयोग होने लगा। यह सवाल किसी भाषा-विशेष की सक्षमता का नहीं, व्यक्तिगत रुचि और रुझान का है।

आप अपना काम करवाने हेतु सरकारी दफ्तर में अर्जी देते हैं। यह आप पर निर्भर है कि आप अर्जी हिंदी में लिखते हैं या अंग्रेजी में या अपनी स्वयं की (प्रादेशिक) भाषा में।

उसी तरह पटकथा भी हिंदी या अंग्रेजी में लिखी जा सकती है। बात सम्प्रेषण की, लोगों तक अपनी मंशा पहुँचाने की है। हाँ, तकनीकी शब्द आप चाहें तो अंग्रेजी में लिख सकते हैं।

संवाद तो उसी भाषा में लिखे जाएँगे, जिस भाषा में कृति बननी है। वर्णन भी आप अपनी भाषा में लिख सकते हैं। कुछ शब्द या वाक्प्रचार अंग्रेजी में पहले

से ही इस्तेमाल हो रहे हैं। वे बोले भी जाते हैं। उनके हिंदी रूप के बारे में सोचा नहीं गया। उन अंग्रेजी शब्दों को अपना लिया गया है।

ऐसे शब्दों को सिनेमा/धारावाहिक जगत का हर पढ़ा-लिखा-अनपढ़ तकनीशियन समझता है। अतः ये शब्द जस के तस रखे गए; बगैर यह सोचे कि ये किस भाषा के शब्द हैं।

विज्ञापन क्षेत्र में तो अमूमन अंग्रेजी में ही लेखन होता है। धारावाहिक क्षेत्र में हिंदी में सबसे अधिक लेखन होता है।

हिंदी में पटकथाएँ लिखी जाएँ, दृश्य-श्रव्य माध्यम के विभिन्न पहलुओं पर लिखा जाए, तो सर्वत्र हिंदी भाषा की सक्षमता का पता चलेगा। ऐसी स्थिति में अधिक से अधिक काम हिंदी में हो पाएगा। यह विडंबना भी ख़त्म की जा सकती है कि कृति हिंदी की...लेकिन बाकी सब कुछ अंग्रेजी में। जिन देशों में अंग्रेजी नहीं बोली जाती, वहाँ का दृश्य-श्रव्य जगत पूरी तरह अपनी ही भाषा का इस्तेमाल करता है।

अध्याय उनतीस

सॉफ्टवेयर पटकथा

- यह सिद्ध नहीं हो पाया कि मशीन का दिमाग मनुष्य के दिमाग से बेहतर है
- मशीनें रूखी होती हैं जबकि मानव एक संवेदनशील प्राणी
- मनुष्य के पास निरीक्षण बुद्धि होती है, कम्प्यूटर के पास नहीं
- रचना का संबंध भावनाओं से अवश्य है

आज कम्प्यूटर का युग है। कोशिश की जा रही है कि साहित्य तथा कला क्षेत्र में भी कम्प्यूटर का उपयोग किया जाए।

मान कर चला जा रहा है कि मनुष्य के दिमाग का काम कम्प्यूटर के दिमाग से लिया जाए। यह अभी तक सिद्ध नहीं हो पाया कि किसी भी मशीन का दिमाग मनुष्य के दिमाग से बेहतर है।

जहाँ तक पटकथा और कहानी लेखन का सवाल है, कम्प्यूटर पर शतप्रतिशत निर्भर करना, हमारे दिमागी दिवालिएपन को ही दिखाता है। कम्प्यूटर से टाइपिंग करना, शुद्ध लेखन (करेक्शंस), अलाइनमेंट, प्रिंटिंग...यहाँ तक तो कम्प्यूटर का इस्तेमाल सही है। ऐसा करने से लेखक की ऊर्जा और समय की भी बचत होगी। लेकिन खुद कम्प्यूटर से कहना कि तू ही हमारे लिए कहानी रच दे...पटकथा लिख दे, यह मानवीय दिमाग को कमजोर और निकृष्ट समझना है।

अगर यह स्थापित सत्य है कि मनुष्य का दिमाग दुनिया के किसी भी तत्त्व से कई गुना तेज-तर्रार है, तो हमें अपने से निकृष्ट तत्त्व का सहारा क्यों लेना चाहिए!

मशीन और मानव में अंतर है

मशीनें रूखी होती हैं, जबकि मानव एक संवेदनशील प्राणी है। इन्द्रधनुष पर हजारों कविताएँ लिखी गई होंगी...लेकिन आज भी एक प्रखर कवि नए संदर्भों को इंद्रधनुष के साथ जोड़कर बिल्कुल नए सोच की कविता लिख सकता है। क्या कम्प्यूटर यह कर सकता है?

मान भी लिया जाए कि कम्प्यूटर के पास इंद्रधनुष को लेकर एक सॉफ्टवेयर पैकेज है, तो क्या खुद कम्प्यूटर बढ़िया कविता लिख लेगा? वह अपने पास के पैकेज में उपलब्ध सारे विकल्प, सोचने के तरीके, विभिन्न आयाम आपके सामने रख देगा। लेकिन आपको इनमें से कोई भी चीज संगत ही न लगे तो!

यह उसी तरह है कि सैकड़ों कवियों ने अब तक हजारों कविताएँ इंद्रधनुष पर लिखी हैं। लेकिन आपको वे सब पुरानी लगती हैं। आप अपने दृष्टिकोण से प्रयास करते हैं और नए संदर्भ की कविता लिखते हैं। इसे प्रतिसाद भी मिलता है। इसे ग्राह्य भी माना जाता है।

साहित्य तथा कला का संबंध शतप्रतिशत दिल और दिमाग से है। कम्प्यूटर के पास न दिल है, न मानव के समकक्ष दिमाग।

साहित्य या कला के निर्माण में जीवन अनुभवों का बहुत योगदान होता है। केवल प्रतिभा या शैली के भरोसे साहित्य/कला का निर्माण नहीं हो सकता। पुराने जीवनानुभवों के आधार पर जो साहित्य लिखा जाएगा, वह बासी कहलाएगा। कम्प्यूटर सॉफ्टवेयर पैकेज में तो वही अनुभव दर्ज होंगे, जो पैकेज बनाते समय तक के लिए संगत रहे हैं।

मनुष्य नए-नए अनुभव जाने-अनजाने, इच्छा-अनिच्छा से ग्रहण कर सकता है। हर रोज तो कम्प्यूटर का सॉफ्टवेयर पैकेज बनने से रहा।

मनुष्य के पास निरीक्षण बुद्धि होती है, कम्प्यूटर के पास नहीं। हर साहित्यकार-कलाकार की अपनी शैली होती है, कम्प्यूटर तो शैली-मुक्त है। साहित्यकार के दिमाग में एक कल्पना या एक अवधारणा जन्म लेने के बाद वह तरह-तरह से सोचता है, उसे माँजता है, फिर लिखता है...जब तक समाधान नहीं होता, वह उसी कल्पना को लेकर बार-बार लिखता रहता है। कम्प्यूटर के पास जितने भी विकल्प हैं, क्या उनसे बाहर कोई विकल्प नहीं हो सकता? उन विकल्पों पर मानवीय दिमाग ही सोच सकता है।

हाँ, जो अपने दिमाग को तकलीफ नहीं देना चाहता, या जिसकी सोच की सीमाएँ हैं—वे ज़रूर चाहें तो कम्प्यूटर सॉफ्टवेयर का आधार लेकर कहानी-पटकथा लिख सकते हैं।

सबसे बड़ी बात तो भावनाओं की है। एक शब्द-प्रयोग हम बार-बार करते हैं कि अमुक रचना लेखक के अपने भीतर से आई...नहीं आई। इसी का अर्थ रचना का संबंध भावनाओं से अवश्य है। हर रचनाकार की भावनाएँ अलग होती हैं, लेकिन होती तो हैं ही।

हर दो लेखक में अंतर होता है। क्या ऐसे अंतर का कोई प्रावधान कम्प्यूटर के पास होता है। हाँ, विकल्प कई होते हैं। क्या दो लेखकीय प्रतिभा के बीच के

अध्याय सत्ताईस

पटकथा लेखन का तकनीकी तरीका

- हमारे यहाँ दो प्रकार की तकनीक अपनायी जाती है
- क्रमबद्ध तरीका और स्थापित तरीका दोनों का अपना महत्त्व है
- लेखन ऐसा हो ताकि दृश्य और संवाद दोनों का आकलन पढ़नेवाले को पूरी तरह हो जाए

पटकथा लेखन का पहले से चला आ रहा तरीका विदेशों में अभी भी अपनाया जाता है। हमारे यहाँ आजकल दोनों तरीके अपनाए जाते हैं। दोनों में से एक तरीका दृश्य-दर-दृश्य पेज-दर-पेज लिखता जाना है। इसे आप लेखन की running शैली भी कह सकते हैं।

क्रमबद्ध तरीका

हमारे यहाँ फ़ीचर फ़िल्म तथा टेलीविजन धारावाहिक हेतु यह तरीका अपनाया जाता है। इसके अनुसार पटकथा की शुरुआत दृश्य एक से की जाती है और वह लगातार, क्रमवार ढंग से, एक के बाद एक दृश्य के रूप में लिखी जाती है। जिस तरह क़िताब लिखी जाती है, वही तरीका यहाँ भी अपनाया जाता है।

क्रमबद्ध (रनिंग) शैली में लिखते समय हर दृश्य स्वतंत्र पेज पर भी लिखा जाता है, या पेज की चिंता न करते हुए लगातार लिखा जाता है। यानी एक पेज पर एक, डेढ़, दो, तीन...जितने बैठ पाएँ, उतने दृश्य लिख लिए जाते हैं।

स्थापित तरीका

दूसरे तरीके में पेज के उसकी लंबाई के हिसाब से दो समान हिस्से कर लिए जाते हैं। यानी ऊपर से नीचे तक एक साक्षात या काल्पनिक रेखा खींच ली जाती है। एक हिस्से में शीर्षक के रूप में ऊपर लिखा जाता है—Visual यानी दृश्य। दूसरे हिस्से में शीर्षक के रूप में ऊपर लिखा जाता है—Audio यानी आवाज या ध्वनि।

दूसरे, यानी Visual के हिस्से में दृश्य का वर्णन लिखा जाता है। क्रियाकलाप

या साक्षात्कार संबंधी संकेत लिखे जाते हैं। Audio के हिस्से में साक्षात संवाद या कमेंटरी लिखी जाती है। इस तरह माना जाता है कि अमुक हरकत के साथ अमुक संवाद जुड़ा रहेगा। मिसाल के तौर पर Visual में लिखा जाएगा–कमरे में दीपक का प्रवेश...वह इधर-उधर चौकन्ना होकर देखता है....

उसी के आगे Audio में लिखा जाएगा (संवाद)...''अरे, रमा अभी तक नहीं आई!''

दोनों को मिलाकर दृश्य/शॉट बनेगा...कमरे में दीपक प्रवेश करता है। वह इधर-उधर चौकन्ना होकर देखता है और सवाल करता है–अरे, रमा अभी तक नहीं आई! यह तरीका अभी तो हमारे यहाँ वृत्तचित्र तथा विज्ञापन लेखन के क्षेत्र में अपनाया जाता है। विज्ञापन लेखन हेतु प्रयुक्त शैली को स्टोरी बोर्ड (story board) कहा जाता है।

ख्याल रहे, विदेशों में अभी भी फ़िल्म, धारावाहिक वृत्तचित्र तथा विज्ञापन क्षेत्र की पटकथा लिखने के लिए एक ही तरीका अपनाया जाता है। वह है Visual तथा Audio को पेज के दो हिस्सों में बाँटनेवाला।

दोनों तरीकों का महत्त्व है

हमारे यहाँ वृत्तचित्र तथा विज्ञापन क्षेत्र के लिए अभी भी अनिवार्य रूप से Visual/Audio वाला तरीका ही अपनाया जाता है। लेकिन फ़िल्म तथा धारावाहिक की पटकथा लिखने हेतु एक और तरीका अपना लिया गया है...वह है क्रमबद्ध (running) शैली। पुरानी पीढ़ी के फ़िल्मकार अभी भी चारों विधाओं के लिए Visual/Audio वाला तरीका ही अपनाते हैं। नई पीढ़ी के फ़िल्मकार/लेखक फ़िल्म तथा धारावाहिक हेतु क्रमबद्ध शैली का प्रयोग करते हैं, तो वृत्तचित्र तथा विज्ञापन लिखने हेतु Visual/Audio वाली शैली का।

उपर्युक्त बात कोई लिखित नियम नहीं है। यह अभ्यास और आदत का सवाल है। लेखक जो चाहे शैली अपनाए।

Visual/Audio वाली शैली में काग़ज पर नज़र डालते ही दृश्य और संवाद का विभाजन साफ तौर पर दिखाई देता है। क्रमबद्ध लेखन शैली में आपको लगातार पढ़ना पड़ता है; तदुपरांत आप वर्णन तथा संवाद को समझ पाते हैं।

यह भी सच है कि कइयों का ध्यान 'Visual/Audio' शैली के लेखन को पढ़ते समय बिखर जाता है जबकि रनिंग शैली के लेखन को पढ़ते समय पूरा दृश्य, एकमुश्त सामग्री के रूप में उनकी नज़रों में भर जाता है।

बहरहाल, लेखन ऐसा हो ताकि दृश्य और संवाद दोनों का आकलन पढ़नेवाले को पूरी तरह हो जाए। इसी से वह समझ पाएगा कि इसे प्रभावशाली ढंग से लिखा गया है या नहीं...और वह अपने पूरे प्रभाव के साथ फ़िल्म में उभर पाएगा या नहीं!